Schöningh

EinFach Deutsch

Friedrich Schiller

Der Verbrecher aus verlorener Ehre

Eine wahre Geschichte

Erarbeitet, mit Anmerkungen
und Materialien versehen von
Hendrik Madsen und
Rainer Madsen

Herausgegeben von
Johannes Diekhans

Der Text folgt der von Hans Heinrich Borcherdt herausgegebenen Nationalausgabe:
Schillers Werke. 16. Band. Erzählungen.
Weimar: Hermann Böhlaus Nachfolger 1954, S. 7-29

www.schoeningh-schulbuch.de
Schöningh Verlag, Jühenplatz 1–3, 33098 Paderborn

Druck 7 6 5 / Jahr 2012 11 10
Alle Drucke der Serie A sind im Unterricht parallel verwendbar.
Die letzte Zahl bezeichnet das Jahr dieses Druckes.

Druck und Bindung: Friedrich Pustet, Regensburg

ISBN 978-3-14-022302-7

Friedrich Schiller: Der Verbrecher aus verlorener Ehre. Eine wahre Geschichte

Der Verbrecher aus verlorener Ehre[1]
Eine wahre[2] Geschichte

In der ganzen Geschichte des Menschen ist kein Kapitel unterrichtender für Herz und Geist als die Annalen[3] seiner Verirrungen. Bei jedem großen Verbrechen war eine verhältnismäßig große Kraft in Bewegung. Wenn sich das geheime Spiel der Begehrungskraft[4] bei dem matteren Licht gewöhnlicher Affekte[5] versteckt, so wird es im Zustand gewaltsamer Leidenschaft desto hervorspringender, kolossalischer, lauter; der feinere Menschenforscher, welcher weiß, wie viel man auf die Mechanik der gewöhnlichen Willensfreiheit eigentlich rechnen darf und wieweit es erlaubt ist, analogisch[6] zu schließen, wird manche Erfahrung aus diesem Gebiete in seine Seelenlehre herübertragen und für das sittliche Leben verarbeiten[7].

---

[1] Der Erstdruck erschien 1786 anonym im 2. Heft der „Thalia" unter dem Titel „Verbrechen aus Infamie. Eine wahre Geschichte". („Infamie": von „jemanden infamieren", d.h. ihn ehrlos machen) Die vorliegende Ausgabe folgt dem Text der überarbeiteten Fassung mit dem veränderten Titel in „Kleinere prosaische Schriften von Schiller", Leipzig 1792, aus der von Hans Heinrich Borcherdt herausgegebenen Nationalausgabe „Schillers Werke, 16. Band, Erzählungen", Weimar 1954, S. 7–29.

[2] „Wahr" ist die „Geschichte" nach dem damaligen Sprachgebrauch, weil die Handlung im Kern historisch und streng nach dem Gesetz der psychologischen Wahrscheinlichkeit durchgeführt ist.

[3] Jahrbücher, in denen die geschichtlichen Ereignisse nach der Aufeinanderfolge der Jahre verzeichnet werden; chronologische Aufzeichnungen

[4] Triebnatur des Menschen

[5] Plural von „Affekt", ein besonders intensiv erlebtes Gefühl mit auffallenden körperlichen Begleiterscheinungen, z.B. Freude, Trauer, Angst, Hass

[6] Aufgrund der Analogie (Übereinstimmung mit etwas) kann man in Gedanken von einem Gegenstand auf einen anderen ähnlichen Gegenstand schließen.

[7] für die Gestaltung des gesellschaftlichen Zusammenlebens nutzen

Es ist etwas so Einförmiges und doch wieder so Zusammengesetztes, das menschliche Herz. Eine und ebendieselbe Fertigkeit oder Begierde kann in tausenderlei Formen und Richtungen spielen, kann tausend widersprechende Phänomene[1] bewirken, kann in tausend Charakteren anders gemischt erscheinen und tausend ungleiche Charaktere und Handlungen können wieder aus einerlei Neigungen gesponnen sein, wenn auch der Mensch, von welchem die Rede ist, nichts weniger denn eine solche Verwandtschaft ahndet[2]. Stünde einmal, wie für die übrigen Reiche der Natur, auch für das Menschengeschlecht ein Linnäus[3] auf, welcher nach Trieben und Neigungen klassifizierte, wie sehr würde man erstaunen, wenn man so manchen, dessen Laster in einer engen bürgerlichen Sphäre[4] und in der schmalen Umzäunung der Gesetze jetzt ersticken muss, mit dem Ungeheuer Borgia[5] in *einer* Ordnung beisammen fände. Von dieser Seite betrachtet, lässt sich manches gegen die gewöhnliche Behandlung der Geschichte[6] einwenden, und hier, vermute ich, liegt auch die Schwierigkeit, warum das Studium derselben für das bürgerliche Leben noch immer so fruchtlos geblieben. Zwischen der heftigen Gemütsbewegung des handelnden Menschen und der ruhigen Stimmung des Lesers, welchem diese Handlung vorgelegt wird, herrscht ein so widriger Kontrast, liegt ein so breiter Zwischenraum, dass es dem Letztern schwer, ja unmöglich wird, einen Zusammenhang nur zu ahnden. Es bleibt eine Lücke zwischen dem historischen Subjekt[7] und dem Leser, die alle Mög-

---

1 Plural von „Phänomen", das sich den Sinnen Zeigende, Erscheinung

2 hier und sonst in diesem Text: Flexionsform von ahnen

3 Carl von Linné (1707–1778), bis 1762 Linnaeus genannt, schwedischer Naturforscher, der das nach ihm benannte Pflanzensystem ausgearbeitet hat

4 Berufs- und Privatleben

5 Cesare Borgia (1474–1507), ein Sohn des Papstes Alexander, war wegen seiner Untaten berüchtigt.

6 traditionelle Geschichtsschreibung, hier vor allem die verbreiteten Verbrecherbiografien

7 der Gegenstand der Geschichtsschreibung

lichkeit einer Vergleichung oder Anwendung abschneidet und statt jenes heilsamen Schreckens, der die stolze Gesundheit warnet, ein Kopfschütteln der Befremdung erweckt. Wir sehen den Unglücklichen, der doch in eben der Stunde, wo er die Tat beging, so wie in der, wo er dafür büßet, Mensch war wie wir, für ein Geschöpf fremder Gattung an, dessen Blut anders umläuft als das unsrige, dessen Wille andern Regeln gehorcht als der unsrige; seine Schicksale rühren uns wenig, denn Rührung gründet sich ja nur auf ein dunkles Bewusstsein ähnlicher Gefahr, und wir sind weit entfernt, eine solche Ähnlichkeit auch nur zu träumen. Die Belehrung geht mit der Beziehung verloren, und die Geschichte, anstatt eine Schule der Bildung zu sein, muss sich mit einem armseligen Verdienste um unsre Neugier begnügen. Soll sie uns mehr sein und ihren großen Endzweck erreichen, so muss sie notwendig unter diesen beiden Methoden wählen – entweder der Leser muss warm werden wie der Held, oder der Held wie der Leser erkalten.

Ich weiß, dass von den besten Geschichtsschreibern neuerer Zeit und des Altertums manche sich an die erste Methode gehalten und das Herz ihres Lesers durch hinreißenden Vortrag bestochen haben. Aber diese Manier[1] ist eine Usurpation[2] des Schriftstellers und beleidigt die republikanische Freiheit des lesenden Publikums, dem es zukömmt, selbst zu Gericht zu sitzen; sie ist zugleich eine Verletzung der Grenzengerechtigkeit, denn diese Methode gehört ausschließend und eigentümlich dem Redner und Dichter, dem Geschichtschreiber bleibt nur die Letztere übrig.

Der Held muss kalt werden wie der Leser, oder, was hier ebenso viel sagt, wir müssen mit ihm bekannt werden, *eh* er handelt; wir müssen ihn seine Handlung nicht bloß *vollbringen*, sondern auch *wollen* sehen. An seinen Gedanken liegt uns unendlich mehr als an seinen Taten, und noch weit mehr an den Quellen seiner Gedanken als an den Folgen jener Taten. Man hat das Erdreich des

---

[1] Art und Weise des Vortrags, literarische Eigenart, Darstellungsstil
[2] (widerrechtliche) Anmaßung

Vesuvs[1] untersucht, sich die Entstehung seines Brandes zu erklären; warum schenkt man einer moralischen Erscheinung weniger Aufmerksamkeit als einer physischen? Warum achtet man nicht in eben dem Grade auf die Beschaffenheit und Stellung der Dinge, welche einen solchen Menschen umgaben, bis der gesammelte Zunder[2] in seinem Inwendigen Feuer fing? Den Träumer, der das Wunderbare liebt, reizt eben das Seltsame und Abenteuerliche einer solchen Erscheinung; der Freund der Wahrheit sucht eine Mutter zu diesen verlorenen Kindern. Er sucht sie in der *unveränderlichen* Struktur der menschlichen Seele und in den *veränderlichen* Bedingungen, welche sie von außen bestimmten, und in diesen beiden findet er sie gewiss. Ihn überrascht es nun nicht mehr, in dem nämlichen[3] Beete, wo sonst überall heilsame Kräuter blühen, auch den giftigen Schierling[4] gedeihen zu sehen, Weisheit und Torheit, Laster und Tugend in *einer* Wiege beisammen zu finden. Wenn ich auch keinen der Vorteile hier in Anschlag bringe[5], welche die Seelenkunde aus einer solchen Behandlungsart der Geschichte zieht, so behält sie schon allein darum den Vorzug, weil sie den grausamen Hohn und die stolze Sicherheit ausrottet, womit gemeiniglich die ungeprüfte aufrecht stehende Tugend auf die gefallne herunterblickt; weil sie den sanften Geist der Duldung verbreitet, ohne welchen kein Flüchtling zurückkehrt, keine Aussöhnung des Gesetzes mit seinem Beleidiger stattfindet, kein angestecktes Glied der Gesellschaft von dem gänzlichen Brande gerettet wird.

Ob der Verbrecher, von dem ich jetzt sprechen werde, auch noch ein Recht gehabt hätte, an jenen Geist der Duldung zu appellieren? Ob er wirklich ohne Rettung

[1] Vulkan bei Neapel; sein großer Ausbruch im Jahre 79 n. Chr. vernichtete die Städte Pompeji, Herculaneum und Stabiae.

[2] Eine Schicht aus dem Fruchtkörper des Zunderschwamms, die zum Feueranmachen verwendet wurde.

[3] demselben

[4] Tollkraut, eine Giftpflanze (Doldenblüter)

[5] berücksichtigen, einrechnen

für den Körper des Staats verloren war? – Ich will dem Ausspruch des Lesers nicht vorgreifen. Unsre Gelindigkeit fruchtet ihm nichts mehr[1], denn er starb durch des Henkers Hand – aber die Leichenöffnung[2] seines Lasters unterrichtet vielleicht die Menschheit und – es ist möglich, auch die Gerechtigkeit.

Christian Wolf war der Sohn eines Gastwirts in einer ...schen Landstadt (deren Namen man aus Gründen, die sich in der Folge aufklären, verschweigen muss) und half seiner Mutter, denn der Vater war tot, bis in sein zwanzigstes Jahr die Wirtschaft besorgen. Die Wirtschaft war schlecht[3], und Wolf hatte müßige Stunden. Schon von der Schule her war er für einen losen[4] Buben[5] bekannt. Erwachsene Mädchen führten Klagen über seine Frechheit, und die Jungen des Städtchens huldigten seinem erfinderischen Kopfe. Die Natur hatte seinen Körper verabsäumt[6]. Eine kleine unscheinbare Figur, krauses Haar von einer unangenehmen Schwärze, eine plattgedrückte Nase und eine geschwollene Oberlippe, welche noch überdies durch den Schlag eines Pferdes aus ihrer Richtung gewichen war, gab seinem Anblick eine Widrigkeit, welche alle Weiber von ihm zurückscheuchte und dem Witz seiner Kameraden eine reichliche Nahrung darbot. Er wollte ertrotzen, was ihm verweigert war; weil er missfiel, setzte er sich vor, zu gefallen. Er war sinnlich[7] und beredete sich[8], dass er liebe. Das Mädchen, das er wählte, misshandelte ihn; er hatte Ursache, zu fürchten, dass seine Nebenbuhler[9]

[1] Unsere Milde nutzt ihm nichts mehr.
[2] Leichen von Hingerichteten wurden der Anatomie, einem medizinischen Institut, für Forschungszwecke zur Verfügung gestellt.
[3] Sie trug wenig Gewinn ein.
[4] leichtfertigen
[5] gemeiner, niederträchtiger Mensch
[6] vernachlässigt
[7] sexuell leicht erregbar, triebhaft; d.h., er folgte seinem Verlangen nach Sexualität.
[8] redete sich ein
[9] Mitbewerber

glücklicher wären; doch das Mädchen war arm. Ein Herz, das seinen Beteurungen verschlossen blieb, öffnete sich vielleicht seinen Geschenken, aber ihn selbst drückte Mangel, und der eitle Versuch, seine Außenseite geltend zu machen, verschlang noch das Wenige, was er durch eine schlechte Wirtschaft erwarb. Zu bequem und zu unwissend, seinem zerrütteten Hauswesen durch Spekulation[1] aufzuhelfen, zu stolz, auch zu weichlich, den Herrn, der er bisher gewesen war, mit dem Bauer zu vertauschen und seiner angebeteten Freiheit zu entsagen, sah er nur einen Ausweg vor sich – den Tausende vor ihm und nach ihm mit besserem Glücke ergriffen haben – den Ausweg, *honett*[2] *zu stehlen*. Seine Vaterstadt grenzte an eine landesherrliche[3] Waldung, er wurde Wilddieb, und der Ertrag seines Raubes wanderte treulich in die Hände seiner Geliebten.

Unter den Liebhabern Hannchens war Robert, ein Jägerpursche[4] des Försters. Frühzeitig merkte dieser den Vorteil, den die Freigebigkeit seines Nebenbuhlers über ihn gewonnen hatte, und mit Scheelsucht[5] forschte er nach den Quellen dieser Veränderung. Er zeigte sich fleißiger[6] in der „Sonne" – dies war das Schild zu dem Wirtshaus – sein laurendes[7] Auge, von Eifersucht und Neide geschärft, entdeckte ihm bald, woher dieses Geld floss. Nicht lange vorher war ein strenges Edikt[8] gegen die Wildschützen[9] erneuert worden, welches den Übertreter zum Zuchthaus verdammte. Robert war unermüdet, die geheimen Gänge seines Feindes zu beschleichen; endlich gelang es ihm auch, den Unbesonnenen über der Tat zu ergreifen.

---

1 verbesserte Einrichtung des Geschäfts
2 anständig, ehrenhaft, rechtschaffen; Anspielung auf die Bewertung des Wilddiebstahls im Volksbewusstsein
3 einem Landesherrn gehörende
4 Jägerbursche, junger Mann als Jagdgehilfe
5 Argwohn, Neid, Missgunst
6 häufiger
7 lauerndes
8 amtlicher Erlass des Landesherrn
9 Wilddiebe

Wolf wurde eingezogen[1] und nur mit Aufopferung seines ganzen kleinen Vermögens brachte er es mühsam dahin, die zuerkannte Strafe durch eine Geldbuße abzuwenden.
Robert triumphierte. Sein Nebenbuhler war aus dem Felde geschlagen und Hannchens Gunst für den Bettler verloren. Wolf kannte seinen Feind, und dieser Feind war der glückliche Besitzer seiner Johanne. Drückendes Gefühl des Mangels gesellte sich zu beleidigtem Stolze, Not und Eifersucht stürmen vereinigt auf seine Empfindlichkeit ein, der Hunger treibt ihn hinaus in die weite Welt, Rache und Leidenschaft halten ihn fest. Er wird zum zweiten Mal Wilddieb; aber Roberts verdoppelte Wachsamkeit überlistet ihn zum zweiten Mal wieder. Jetzt erfährt er die ganze Schärfe des Gesetzes: Denn er hat nicht mehr zu geben, und in wenigen Wochen wird er in das Zuchthaus[2] der Residenz[3] abgeliefert.
Das Strafjahr war überstanden, seine Leidenschaft durch die Entfernung gewachsen und sein Trotz unter dem Gewicht des Unglücks gestiegen. Kaum erlangte er die Freiheit, so eilt er nach seinem Geburtsort, sich seiner Johanne zu zeigen. Er erscheint: Man flieht ihn. Die dringende Not hat endlich seinen Hochmut gebeugt und seine Weichlichkeit überwunden – er bietet sich den Reichen des Orts an und will für den Taglohn dienen. Der Bauer zuckt über den schwachen Zärtling die Achsel; der derbe Knochenbau seines handfesten Mitbewerbers sticht ihn bei diesem fühllosen Gönner aus. Er wagt einen letzten Versuch. Ein Amt ist noch ledig, der äußerste verlorne Posten des ehrlichen Namens – er meldet sich zum Hirten des Städtchens, aber der Bauer will seine Schweine keinem Taugenichts anvertrauen. In allen Entwürfen getäuscht, an allen Orten zurückgewiesen, wird er zum dritten Mal Wilddieb, und zum dritten Mal trifft ihn das Unglück, seinem wachsamen Feind in die Hände zu fallen.

1 verhaftet
2 Arbeitshaus (eine für damalige Verhältnisse milde erzieherische Strafmaßnahme)
3 Regierungssitz des Landesherrn

Der doppelte Rückfall hatte seine Verschuldung erschwert. Die Richter sahen in das Buch der Gesetze, aber nicht *einer* in die Gemütsverfassung des Beklagten. Das Mandat[1] gegen die Wilddiebe bedurfte einer solennen[2] und exemplarischen[3] Genugtuung[4], und Wolf ward verurteilt, das Zeichen des Galgens auf den Rücken gebrannt, drei Jahre auf der Festung zu arbeiten. Auch diese Periode verlief, und er ging von der Festung – aber ganz anders, als er dahin gekommen war. Hier fängt eine neue Epoche in seinem Leben an; man höre ihn selbst, wie er nachher gegen seinen geistlichen Beistand[5] und vor Gerichte bekannt hat. „Ich betrat die Festung", sagte er, „als ein Verirrter und verließ sie als ein Lotterbube[6]. Ich hatte noch etwas in der Welt gehabt, das mir teuer war, und mein Stolz krümmte sich unter der Schande. Wie ich auf die Festung gebracht war, sperrte man mich zu dreiundzwanzig Gefangenen ein, unter denen zwei Mörder und die Übrigen alle berüchtigte Diebe und Vagabunden waren. Man verhöhnte mich, wenn ich von Gott sprach, und setzte mir zu, schändliche Lästerungen gegen den Erlöser[7] zu sagen. Man sang mir Hurenlieder vor, die ich, ein lüderlicher[8] Bube, nicht ohne Ekel und Entsetzen hörte; aber was ich ausüben sah, empörte meine Schamhaftigkeit noch mehr. Kein Tag verging, wo nicht irgendein schändlicher Lebenslauf wiederholt, irgendein schlimmer Anschlag geschmiedet ward. Anfangs floh ich dieses Volk und verkroch mich vor ihren Gesprächen, so gut mir's möglich war; aber ich brauchte ein Geschöpf, und die Barbarei meiner Wächter hatte mir auch meinen Hund abgeschlagen. Die Arbeit war hart

1 Auftrag
2 feierlich (d.h. unter voller Anwendung der Gesetze)
3 beispielhaft-abschreckend
4 Wiedergutmachung eines Unrechts (Satisfaktion)
5 ein zur geistlichen (religiösen) Unterstützung des Angeklagten berufener Pfarrer oder Priester
6 liederlicher Mensch
7 Jesus Christus, der nach christlichem Glauben die Menschheit von der Sünde erlöst hat
8 liederlicher

und tyrannisch, mein Körper kränklich; ich brauchte Beistand, und wenn ich's aufrichtig sagen soll, ich brauchte Bedaurung, und diese musste ich mit dem letzten Überrest meines Gewissens erkaufen. So gewöhnte ich mich endlich an das Abscheulichste und im letzten Vierteljahr hatte ich meine Lehrmeister übertroffen.
Von jetzt an lechzte ich nach dem Tag meiner Freiheit, wie ich nach Rache lechzte. Alle Menschen hatten mich beleidigt, denn alle waren besser und glücklicher als ich. Ich betrachtete mich als den Märtyrer[1] des natürlichen Rechts[2] und als ein Schlachtopfer[3] der Gesetze. Zähneknirschend rieb ich meine Ketten, wenn die Sonne hinter meinem Festungsberg heraufkam; eine weite Aussicht ist zwiefache Hölle für einen Gefangenen. Der freie Zugwind, der durch die Luftlöcher meines Turmes pfeifte[4], und die Schwalbe, die sich auf dem eisernen Stab meines Gitters niederließ, schienen mich mit ihrer Freiheit zu necken und machten mir meine Gefangenschaft desto grässlicher. Damals gelobte ich unversöhnlichen, glühenden Hass allem, was dem Menschen gleicht, und was ich gelobte, hab ich redlich gehalten.
Mein erster Gedanke, sobald ich mich frei sah, war meine Vaterstadt. So wenig auch für meinen künftigen Unterhalt da zu hoffen war, so viel versprach sich mein Hunger nach Rache. Mein Herz klopfte wilder, als der Kirchturm von Weitem aus dem Gehölze stieg. Es war nicht mehr das herzliche Wohlbehagen, wie ich's bei meiner ersten Wallfahrt[5] empfunden hatte. – Das An-

---

[1] jemand, der wegen seines Glaubens oder seiner Überzeugung Verfolgung oder den Tod erleidet

[2] Naturrecht (lat. lex naturalis), das in der vernunftbegabten Natur des Menschen begründete, von Zeit und Ort ebenso wie von jeder menschlichen Rechtssetzung unabhängige Recht, z.B. der Anspruch auf Unverletztheit von Leib und Leben, von Eigentum und Ehre; Gegensatz: das positive, von Menschen geschaffene, geschichtlich gewordene und wandelbare Recht

[3] die kultische Tötung eines lebenden Wesens, häufig als Tieropfer

[4] heute: pfiff

[5] eigentlich: Pilgerfahrt, die Wanderung oder Fahrt zu fernen heiligen Stätten

denken alles Ungemachs[1], aller Verfolgungen, die ich dort einst erlitten hatte, erwachte mit einem Mal aus einem schrecklichen Todesschlaf, alle Wunden bluteten wieder, alle Narben gingen auf. Ich verdoppelte meine Schritte, denn es erquickte mich im Voraus, meine Feinde durch meinen plötzlichen Anblick in Schrecken zu setzen, und ich dürstete jetzt ebenso sehr nach neuer Erniedrigung, als ich ehemals davor gezittert hatte.

Die Glocken läuteten zur Vesper[2], als ich mitten auf dem Markte stand. Die Gemeine[3] wimmelte zur Kirche. Man erkannte mich schnell, jedermann, der mir aufstieß[4], trat scheu zurück. Ich hatte von jeher die kleinen Kinder sehr liebgehabt, und auch jetzt übermannte mich's unwillkürlich, dass ich einem Knaben, der neben mir vorbeihüpfte, einen Groschen bot. Der Knabe sah mich einen Augenblick starr an und warf mir den Groschen ins Gesicht. Wäre mein Blut nur etwas ruhiger gewesen, so hätte ich mich erinnert, dass der Bart, den ich noch von der Festung mitbrachte, meine Gesichtszüge bis zum Grässlichen entstellte – aber mein böses Herz hatte meine Vernunft angesteckt. Tränen, wie ich sie nie geweint hatte, liefen über meine Backen.

‚Der Knabe weiß nicht, wer ich bin, noch woher ich komme', sagte ich halblaut zu mir selbst, ‚und doch meidet er mich wie ein schändliches Tier. Bin ich denn irgendwo auf der Stirne gezeichnet, oder habe ich aufgehört, einem Menschen ähnlich zu sehen, weil ich fühle, dass ich keinen mehr lieben kann?' – Die Verachtung dieses Knaben schmerzte mich bitterer als dreijähriger Galliotendienst[5], denn ich hatte ihm Gutes getan und konnte *ihn* keines persönlichen Hasses beschuldigen.

---

1 die Erinnerung an alle Unannehmlichkeiten

2 (lat. „Abend") katholischer Abendgottesdienst (um 18 Uhr)

3 Gemeinde

4 begegnete

5 Galeote (Galiote), kleine Galeere mit etwa 20 Riemen; im 18. Jh. wurden Verbrecher aus Süddeutschland nach Venedig und Genua verkauft und auf Galeeren eingesetzt.

Ich setzte mich auf einen Zimmerplatz[1], der Kirche gegenüber; was ich eigentlich wollte, weiß ich nicht; doch ich weiß noch, dass ich mit Erbitterung aufstand, als von allen meinen vorübergehenden Bekannten keiner mich nur eines Grußes gewürdigt hatte, auch nicht einer. Unwillig verließ ich meinen Standort, eine Herberge aufzusuchen; als ich an der Ecke einer Gasse umlenkte, rannte ich gegen meine Johanne. ‚Sonnenwirt!', schrie sie laut auf und machte eine Bewegung, mich zu umarmen. ‚Du wieder da, lieber Sonnenwirt! Gott sei Dank, dass du wiederkömmst!' Hunger und Elend sprach aus ihrer Bedeckung[2], eine schändliche Krankheit[3] aus ihrem Gesichte; ihr Anblick verkündigte die verworfenste Kreatur, zu der sie erniedrigt war. Ich ahndete schnell, was hier geschehen sein möchte; einige fürstliche Dragoner[4], die mir eben begegnet waren, ließen mich erraten, dass Garnison[5] in dem Städtchen lag. ‚Soldatendirne[6]!', rief ich und drehte ihr lachend den Rücken zu. Es tat mir wohl, dass noch *ein* Geschöpf *unter* mir war im Rang der Lebendigen. Ich hatte sie niemals geliebt.

Meine Mutter war tot. Mit meinem kleinen Hause hatten sich meine Kreditoren[7] bezahlt gemacht[8]. Ich hatte niemand und nichts mehr. Alle Welt floh mich wie einen Giftigen[9], aber ich hatte endlich verlernt, mich zu schämen. Vorher hatte ich mich dem Anblick der Menschen entzogen, weil Verachtung mir unerträglich war. Jetzt

[1] Werkstattgelände eines Zimmermanns

[2] Kleidung

[3] Geschlechtskrankheit

[4] Angehöriger einer leichten Reitertruppe

[5] militärische Besatzung eines Ortes; Truppenstandort

[6] Dirne (ahd. „Magd", „Dienerin", mhd. „jungfräuliches Mädchen"), im 16. Jh. mit Bedeutungswandel zu „Hure"

[7] Gläubiger; ein Gläubiger ist jemand, der rechtmäßig von einem Schuldner Geld fordert.

[8] D.h., die Gläubiger hatten sich seines Hauses bemächtigt (und es wahrscheinlich verkauft), um an das Geld zu kommen, das er ihnen schuldete.

[9] Träger einer ansteckenden Krankheit

drang[1] ich mich auf und ergötzte mich sie zu verscheuchen. Es war mir wohl, weil ich nichts mehr zu verlieren und nichts mehr zu hüten hatte. Ich brauchte keine gute Eigenschaft mehr, weil man keine mehr bei mir vermutete.

Die ganze Welt stand mir offen, ich hätte vielleicht in einer fremden Provinz für einen ehrlichen[2] Mann gegolten, aber ich hatte den Mut verloren, es auch nur zu scheinen. Verzweiflung und Schande hatten mir endlich diese Sinnesart aufgezwungen. Es war die letzte Ausflucht, die mir übrig war, die *Ehre* entbehren zu lernen, weil ich an keine mehr Anspruch machen durfte. Hätten meine Eitelkeit und mein Stolz meine Erniedrigung erlebt, so hätte ich mich selber entleiben[3] müssen.

Was ich nunmehr eigentlich beschlossen hatte, war mir selber noch unbekannt. Ich wollte Böses tun, so viel erinnere ich mich noch dunkel. Ich wollte mein Schicksal verdienen. Die Gesetze, meinte ich, wären Wohltaten für die Welt, also fasste ich den Vorsatz, sie zu verletzen; ehemals hatte ich aus *Notwendigkeit* und *Leichtsinn* gesündigt, jetzt tat ich's aus freier Wahl zu meinem Vergnügen.

Mein Erstes war, dass ich mein Wildschießen fortsetzte. Die Jagd überhaupt war mir nach und nach zur Leidenschaft geworden, und außerdem musste ich ja leben. Aber dies war es nicht allein; es kitzelte mich, das fürstliche Edikt zu verhöhnen und meinem Landesherrn nach allen Kräften zu schaden. Ergriffen zu werden, besorgte ich nicht mehr[4], denn jetzt hatte ich eine Kugel für meinen Entdecker bereit, und das wusste ich, dass mein Schuss seinen Mann nicht fehlte. Ich erlegte alles Wild, das mir aufstieß, nur Weniges machte ich auf der Grenze[5] zu Gelde, das meiste ließ ich verwesen. Ich lebte kümmerlich, um nur den Aufwand an Blei und Pulver zu bestreiten.

---

1 drängte
2 hier noch im Sinne von „ehrenwert“
3 sich töten
4 Darüber machte ich mir keine Sorgen mehr.
5 im angrenzenden Gebiet

Meine Verheerungen in der großen Jagd wurden ruchbar[1], aber mich drückte kein Verdacht mehr. Mein Anblick löschte ihn aus. Mein Name war vergessen.
Diese Lebensart trieb ich mehrere Monate. Eines Morgens hatte ich nach meiner Gewohnheit das Holz durchstrichen, die Fährte eines Hirsches zu verfolgen. Zwei Stunden hatte ich mich vergeblich ermüdet, und schon fing ich an, meine Beute verlorenzugeben, als ich sie auf einmal in schussgerechter Entfernung entdecke. Ich will anschlagen[2] und abdrücken – aber plötzlich erschreckt mich der Anblick eines Hutes, der wenige Schritte vor mir auf der Erde liegt. Ich forsche genauer und erkenne den Jäger Robert, der hinter dem dicken Stamm einer Eiche auf eben das Wild anschlägt, dem ich den Schuss bestimmt hatte. Eine tödliche Kälte führt bei diesem Anblick durch meine Gebeine. Just[3] das war der Mensch, den ich unter allen lebendigen Dingen am grässlichsten hasste, und dieser Mensch war in die Gewalt meiner Kugel gegeben. In diesem Augenblick dünkte[4] mich's, als ob die ganze Welt in meinem Flintenschuss läge und der Hass meines ganzen Lebens in die einzige Fingerspitze sich zusammendrängte, womit ich den mördrischen Druck tun sollte. Eine unsichtbare fürchterliche Hand schwebte über mir, der Stundenweiser meines Schicksals zeigte unwiderruflich auf diese schwarze Minute. Der Arm zitterte mir, da ich meiner Flinte die schreckliche Wahl erlaubte – meine Zähne schlugen zusammen wie im Fieberfrost und der Odem[5] sperrte sich erstickend in meiner Lunge. Eine Minute lang blieb der Lauf meiner Flinte ungewiss zwischen dem Menschen und dem Hirsch mitten inne schwanken – eine Minute – und noch eine – und wieder eine. Rache und Gewissen rangen hartnäckig und zweifelhaft, aber die Rache gewann's und der Jäger lag tot am Boden.

---

1 sprachen sich herum
2 (das Gewehr) anschlagen: zielen
3 (lat.) eben, gerade
4 Prät. von „dünken“: den Anschein haben, vorkommen
5 Atem

Mein Gewehr fiel mit dem Schusse .... ‚Mörder' ... stammelte ich langsam – der Wald war still wie ein Kirchhof[1] – ich hörte deutlich, dass ich ‚Mörder' sagte. Als ich näher schlich, starb der Mann. Lange stand ich sprachlos vor dem Toten, ein helles Gelächter endlich machte mir Luft. ‚Wirst du jetzt reinen Mund halten, guter Freund!', sagte ich und trat keck[2] hin, indem ich zugleich das Gesicht des Ermordeten auswärtskehrte. Die Augen standen ihm weit auf. Ich wurde ernsthaft und schwieg plötzlich wieder stille. Es fing mir an, seltsam zu werden.

Bis hierher hatte ich auf Rechnung meiner Schande gefrevelt[3]; jetzt war etwas geschehen, wofür ich noch nicht gebüßt hatte. Eine Stunde vorher, glaube ich, hätte mich kein Mensch überredet, dass es noch etwas Schlechteres als mich unter dem Himmel gebe; jetzt fing ich an zu mutmaßen, dass ich vor einer Stunde wohl gar zu beneiden war.

Gottes Gerichte fielen mir nicht ein – wohl aber eine, ich weiß nicht welche? verwirrte Erinnerung an Strang[4] und Schwert und die Exekution[5] einer Kindermörderin, die ich als Schuljunge mit angesehen hatte. Etwas ganz besonders Schreckbares lag für mich in dem Gedanken, dass von jetzt an mein Leben verwirkt sei. Auf mehreres besinne ich mich nicht mehr. Ich wünschte gleich darauf, dass er noch lebte. Ich tat mir Gewalt an, mich lebhaft an alles Böse zu erinnern, das mir der Tote im Leben zugefügt hatte, aber sonderbar! mein Gedächtnis war wie ausgestorben. Ich konnte nichts mehr von alledem hervorrufen, was mich vor einer Viertelstunde zum Rasen gebracht hatte. Ich begriff gar nicht, wie ich zu dieser Mordtat gekommen war.

Noch stand ich vor der Leiche, noch immer. Das Knallen einiger Peitschen und das Geknarre von Frachtwagen,

---

1 Friedhof
2 mutig
3 hier: sich leichter Vergehen schuldig machen
4 Henkerstrick
5 Hinrichtung

die durchs Holz fuhren, brachte mich zu mir selbst. Es war kaum eine Viertelmeile[1] abseits der Heerstraße[2], wo die Tat geschehen war. Ich musste auf meine Sicherheit denken.

Unwillkürlich verlor ich mich tiefer in den Wald. Auf dem Wege fiel mir ein, dass der Entleibte sonst eine Taschenuhr besessen hätte. Ich brauchte Geld, um die Grenze zu erreichen – und doch fehlte mir der Mut, nach dem Platz umzuwenden, wo der Tote lag. Hier erschreckte mich ein Gedanke an den Teufel und eine Allgegenwart Gottes. Ich raffte meine ganze Kühnheit zusammen, entschlossen, es mit der ganzen Hölle aufzunehmen, ging ich nach der Stelle zurück. Ich fand, was ich erwartet hatte, und in einer grünen Börse noch etwas weniges über einen Taler[3] an Gelde. Eben da ich beides zu mir stecken wollte, hielt ich plötzlich ein und überlegte. Es war keine Anwandlung von Scham, auch nicht Furcht, mein Verbrechen durch Plünderung zu vergrößern – Trotz, glaube ich, war es, dass ich die Uhr wieder von mir warf und von dem Gelde nur die Hälfte behielt. Ich wollte für einen persönlichen Feind des Erschossenen, aber nicht für seinen Räuber gehalten sein.

Jetzt floh ich waldeinwärts. Ich wusste, dass das Holz sich vier deutsche Meilen nordwärts erstreckte und dort an die Grenzen des Landes stieß. Bis zum hohen Mittage lief ich atemlos. Die Eilfertigkeit meiner Flucht hatte meine Gewissensangst zerstreut, aber sie kam schrecklicher zurück, wie meine Kräfte mehr und mehr ermatteten. Tausend grässliche Gestalten gingen an mir vorüber und schlugen wie schneidende Messer in meine Brust. Zwischen einem Leben voll rastloser Todesfurcht und einer gewaltsamen Entleibung war mir jetzt eine schreck-

[1] Längenmaß; eine deutsche Meile = ca. 7,5 km

[2] zum besseren Vorwärtskommen von Soldaten und Kriegsmaterial erbaute Straße

[3] Der Reichstaler hatte 24 Groschen zu je 12 Pfennig; durch die Münzgesetzgebung von 1871 und 1873 wurde ein Taler = 3 Mark der neuen Reichswährung gesetzt.

liche Wahl gelassen, und ich *musste* wählen. Ich hatte das Herz nicht, durch Selbstmord aus der Welt zu gehen, und entsetzte mich vor der Aussicht, darin zu bleiben. Geklemmt zwischen die gewissen Qualen des Lebens und die ungewissen Schrecken der Ewigkeit, gleich unfähig zu leben und zu sterben, brachte ich die sechste Stunde meiner Flucht dahin, eine Stunde, voll gepresst von Qualen, wovon noch kein lebendiger Mensch zu erzählen weiß.

In mich gekehrt und langsam, ohne mein Wissen den Hut tief ins Gesicht gedrückt, als ob mich dies vor dem Auge der leblosen Natur hätte unkenntlich machen können, hatte ich unvermerkt einen schmalen Fußsteig verfolgt, der mich durch das dunkelste Dickicht führte – als plötzlich eine raue befehlende Stimme vor mir her: ‚Halt!' rufte[1]. Die Stimme war ganz nahe, meine Zerstreuung und der heruntergedrückte Hut hatten mich verhindert, um mich herum zu schauen. Ich schlug die Augen auf und sah einen wilden Mann auf mich zukommen, der eine große knotigte Keule trug. Seine Figur ging ins Riesenmäßige – meine erste Bestürzung wenigstens hatte mich dies glauben gemacht – und die Farbe seiner Haut war von einer gelben Mulattenschwärze[2], woraus das Weiße eines schielenden Auges bis zum Grassen[3] hervortrat. Er hatte statt eines Gurts ein dickes Seil zwiefach um einen grünen wollenen Rock geschlagen, worin ein breites Schlachtmesser bei einer Pistole stak[4]. Der Ruf wurde wiederholt, und ein kräftiger Arm hielt mich fest. Der Laut eines Menschen hatte mich in Schrecken gejagt, aber der Anblick eines Bösewichts gab mir Herz. In der Lage, worin ich jetzt war, hatte ich Ursache, vor jedem redlichen Mann, aber keine mehr, vor einem Räuber zu zittern.

‚Wer da?', sagte diese Erscheinung.

‚Deinesgleichen', war meine Antwort, ‚wenn du der wirklich bist, dem du gleich siehst!'

---

[1] rief

[2] Mulatte: Nachkomme eines weißen und eines schwarzen Elternteils

[3] bis zum Grässlichen, Schrecklichen

[4] steckte

‚Dahinaus[1] geht der Weg nicht. Was hast du hier zu suchen?'
‚Was hast du hier zu fragen?', versetzte ich trotzig.
Der Mann betrachtete mich zweimal vom Fuß bis zum Wirbel. Es schien, als ob er meine Figur gegen die seinige und meine Antwort gegen meine Figur halten wollte – ‚Du sprichst brutal wie ein Bettler', sagte er endlich.
‚Das mag sein. Ich bin's noch gestern gewesen.'
Der Mann lachte. ‚Man sollte darauf schwören', rief er, ‚du wolltest auch noch jetzt für nichts Besseres gelten.'
‚Für etwas Schlechteres also' – Ich wollte weiter.
‚Sachte Freund! Was jagt dich denn so? Was hast du für Zeit zu verlieren?'
Ich besann mich einen Augenblick. Ich weiß nicht, wie mir das Wort auf die Zunge kam: ‚Das Leben ist kurz', sagte ich langsam, ‚und die Hölle währt ewig.'
Er sah mich stier[2] an. ‚Ich will verdammt sein', sagte er endlich, ‚oder du bist irgend an einem Galgen hart vorbeigestreift.'
‚Das mag wohl noch kommen. Also auf *Wiedersehen*, Kamerad!'
‚Topp[3], *Kamerade*!' – schrie er, indem er eine zinnerne Flasche aus seiner Jagdtasche hervorlangte, einen kräftigen Schluck daraus tat und mir sie reichte. Flucht und Beängstigung hatten meine Kräfte aufgezehrt, und diesen ganzen entsetzlichen Tag war noch nichts über meine Lippen gekommen. Schon fürchtete ich, in dieser Waldgegend zu verschmachten, wo auf drei Meilen in der Runde kein Labsal[4] für mich zu hoffen war. Man urteile, wie froh ich auf diese angebotne Gesundheit Bescheid tat[5]. Neue Kraft floss mit diesem Erquicktrunk in meine Gebeine und frischer Mut in mein Herz, und Hoffnung und Liebe zum Leben. Ich fing an, zu glauben, dass ich doch wohl nicht ganz elend

1 süddeutsch: von hier drin nach dort draußen
2 starr
3 zustimmender Ausruf (bei Abschluss einer Vereinbarung)
4 Erquickung, Erfrischung
5 „Bescheid tun": antwortend zutrinken

wäre; so viel konnte dieser willkommene Trank. Ja, ich bekenne es, mein Zustand grenzte wieder an einen glücklichen, denn endlich, nach tausend fehlgeschlagenen Hoffnungen, hatte ich eine Kreatur gefunden, die mir ähnlich schien. In dem Zustande, worein ich versunken war, hätte ich mit dem höllischen Geiste Kameradschaft getrunken, um einen Vertrauten zu haben.

Der Mann hatte sich aufs Gras hingestreckt, ich tat ein Gleiches.

‚Dein Trunk hat mir wohlgetan!', sagte ich. ‚Wir müssen bekannter werden.'

Er schlug Feuer, seine Pfeife zu zünden.

‚Treibst du das Handwerk schon lange?'

Er sah mich fest an. ‚Was willst du damit sagen?'

‚War *das* schon oft blutig?' Ich zog das Messer aus seinem Gürtel.

‚Wer bist du?', sagte er schrecklich und legte die Pfeife von sich.

‚Ein Mörder wie du – aber nur erst ein Anfänger.'

Der Mensch sah mich steif an und nahm seine Pfeife wieder.

‚Du bist nicht hier zu Hause?', sagte er endlich.

‚Drei Meilen von hier. Der Sonnenwirt in L...., wenn du von mir gehöret hast.'

Der Mann sprang auf wie ein Besessner. ‚Der Wildschütze Wolf?', schrie er hastig.

‚Der Nämliche.'

‚Willkommen, Kamerad! Willkommen!', rief er und schüttelte mir kräftig die Hände. ‚Das ist brav, dass ich dich endlich habe, Sonnenwirt. Jahr und Tag schon sinn ich darauf, dich zu kriegen. Ich kenne dich recht gut. Ich weiß um alles. Ich habe lange auf dich gerechnet.'

‚Auf mich gerechnet? Wozu denn?'

‚Die ganze Gegend ist voll von dir. Du hast Feinde, ein Amtmann[1] hat dich gedrückt, Wolf. Man hat dich zugrunde gerichtet, himmelschreiend ist man mit dir umgegangen.'

---

[1] Regierungsbeamter (zuvor nicht erwähnt)

Der Mann wurde hitzig – ‚Weil du ein paar Schweine geschossen hast, die der Fürst auf unsern Äckern und Feldern füttert, haben sie dich jahrelang im Zuchthaus und auf der Festung herumgezogen, haben sie dich um Haus und Wirtschaft bestohlen, haben sie dich zum Bettler gemacht. Ist es dahin gekommen, Bruder, dass der Mensch nicht mehr gelten soll als ein Hase? Sind wir nicht besser als das Vieh auf dem Felde? – Und ein Kerl wie du konnte das dulden?'

‚Konnt ich's ändern?'

‚Das werden wir ja wohl sehen. Aber sage mir doch, woher kömmst du denn jetzt, und was führst du im Schilde?'

Ich erzählte ihm meine ganze Geschichte. Der Mann, ohne abzuwarten, bis ich zu Ende war, sprang mit froher Ungeduld auf, und mich zog er nach. ‚Komm, Bruder Sonnenwirt', sagte er, ‚jetzt hab ich dich, wo ich dich brauchte. Ich werde Ehre mit dir einlegen. Folge mir.'

‚Wo willst du mich hinführen?'

‚Frage nicht lange. Folge!' – Er schleppte mich mit Gewalt fort.

Wir waren eine kleine Viertelmeile gegangen. Der Wald wurde immer abschüssiger, unwegsamer und wilder, keiner von uns sprach ein Wort, bis mich endlich die Pfeife meines Führers aus meinen Betrachtungen aufschreckte. Ich schlug die Augen auf, wir standen am schroffen Absturz eines Felsen, der sich in eine tiefe Kluft hinunterbückte. Eine zwote[1] Pfeife antwortete aus dem innersten Bauche des Felsen und eine Leiter kam, wie von sich selbst, langsam aus der Tiefe gestiegen. Mein Führer kletterte zuerst hinunter, mich hieß er warten, bis er wiederkäme. ‚Erst muss ich den Hund an Ketten legen lassen', setzte er hinzu, ‚du bist hier fremd, die Bestie würde dich zerreißen.'

Damit ging er.

Jetzt stand ich allein vor dem Abgrund, und ich wusste recht gut, dass ich allein war. Die Unvorsichtigkeit meines Führers entging meiner Aufmerksamkeit nicht. Es hätte mich nur einen beherzten Entschluss gekostet, die

1 zweite

Leiter heraufzuziehen, so war ich frei, und meine Flucht war gesichert. Ich gestehe, dass ich das einsah. Ich sah in den Schlund hinab, der mich jetzt aufnehmen sollte; es erinnerte mich dunkel an den Abgrund der Hölle, woraus keine Erlösung mehr ist. Mir fing an, vor der Laufbahn zu schaudern, die ich nunmehr betreten wollte; nur eine schnelle Flucht konnte mich retten. Ich beschließe diese Flucht – schon strecke ich den Arm nach der Leiter aus – aber auf einmal donnert's in meinen Ohren, es umhallt mich wie Hohngelächter der Hölle: ‚*Was hat ein Mörder zu wagen?*' – und mein Arm fällt gelähmt zurück. Meine Rechnung war völlig[1], die Zeit der Reue war dahin, mein begangener Mord lag hinter mir aufgetürmt wie ein Fels und sperrte meine Rückkehr auf ewig. Zugleich erschien auch mein Führer wieder und kündigte mir an, dass ich kommen solle. Jetzt war ohnehin keine Wahl mehr. Ich kletterte hinunter.

Wir waren wenige Schritte unter der Felsmauer weggegangen, so erweiterte sich der Grund, und einige Hütten wurden sichtbar. Mitten zwischen diesen öffnete sich ein runder Rasenplatz, auf welchem sich eine Anzahl von achtzehn bis zwanzig Menschen um ein Kohlfeuer gelagert hatte. ‚Hier, Kameraden', sagte mein Führer und stellte mich mitten in den Kreis; ‚unser Sonnenwirt! heißt ihn willkommen!'

‚Sonnenwirt!', schrie alles zugleich, und alles fuhr auf und drängte sich um mich her, Männer und Weiber. Soll ich's gestehn? Die Freude war ungeheuchelt und herzlich, Vertrauen, Achtung sogar erschien auf jedem Gesichte, dieser drückte mir die Hand, jener schüttelte mich vertraulich am Kleide, der ganze Auftritt war wie das Wiedersehen eines alten Bekannten, der einem wert ist. Meine Ankunft hatte den Schmaus unterbrochen, der eben anfangen sollte. Man setzte ihn sogleich fort und nötigte mich, den Willkomm zu trinken. Wildpret[2] aller Art war die Mahlzeit, und die Weinflasche wandert unermüdet[3] von Nach-

---

[1] hier: vollständig, abgeschlossen

[2] Wildbret, Fleisch des geschossenen Wildes

[3] unermüdlich, ständig

bar zu Nachbar. Wohlleben und Einigkeit schien die ganze Bande zu beseelen, und alles wetteiferte, seine Freude über mich zügelloser an den Tag zu legen.
Man hatte mich zwischen zwo Weibspersonen sitzen lassen, welches der Ehrenplatz an der Tafel war. Ich erwartete den Auswurf ihres Geschlechts, aber wie groß war meine Verwunderung, als ich unter dieser schändlichen Rotte[1] die schönsten weiblichen Gestalten entdeckte, die mir jemals vor Augen gekommen. Margarete, die älteste und schönste von beiden, ließ sich Jungfer[2] nennen und konnte kaum fünfundzwanzig sein. Sie sprach sehr frech und ihre Gebärden sagten noch mehr. Marie, die jüngere, war verheuratet[3], aber einem Manne entlaufen, der sie misshandelt hatte. Sie war feiner gebildet, sah aber blass aus und schmächtig und fiel weniger ins Auge als ihre feurige Nachbarin. Beide Weiber eiferten aufeinander, meine Begierden zu entzünden; die schöne Margarete kam meiner Blödigkeit[4] durch freche Scherze zuvor, aber das ganze Weib war mir zuwider und mein Herz hatte die schüchterne Marie auf immer gefangen.
‚Du siehst, Bruder Sonnenwirt', fing der Mann jetzt an, der mich hergebracht hatte, ‚du siehst, wie wir untereinander leben und jeder Tag ist dem heutigen gleich. Nicht wahr, Kameraden?'
‚Jeder Tag wie der heutige!', wiederholte die ganze Bande.
‚Kannst du dich also entschließen, an unserer Lebensart Gefallen zu finden, so schlag ein und sei unser Anführer. Bis jetzt bin *ich* es gewesen, aber *dir* will ich weichen. Seid ihr's zufrieden, Kameraden?'
Ein fröhliches ‚Ja!' antwortete aus allen Kehlen.
Mein Kopf glühte, mein Gehirne war betäubt, von Wein und Begierden siedete mein Blut. Die Welt hatte mich ausgeworfen wie einen Verpesteten – hier fand ich

[1] ungeordnete Schar, Gruppe von Menschen
[2] verkürzt aus „Jungfrau“; Dienerin im Range über der einfachen Magd und zugleich Anrede bürgerlicher unverheirateter Frauen
[3] verheiratet
[4] Schüchternheit

brüderliche Aufnahme, Wohlleben und Ehre. Welche Wahl ich auch treffen wollte, so erwartete mich Tod; hier aber konnte ich wenigstens mein Leben für einen höheren Preis verkaufen. Wollust war meine wütendste Neigung; das andere Geschlecht hatte mir bis jetzt nur Verachtung bewiesen, hier erwarteten mich Gunst und zügellose Vergnügungen. Mein Entschluss kostete mich wenig.

‚Ich bleibe bei euch, Kameraden', rief ich laut mit Entschlossenheit und trat mitten unter die Bande; ‚ich bleibe bei euch', rief ich nochmals, ‚wenn ihr mir meine schöne Nachbarin abtretet!' – Alle kamen überein, mein Verlangen zu bewilligen, ich war erklärter Eigentümer einer H***[1] und Haupt einer Diebesbande."

Den folgenden Teil der Geschichte übergehe ich ganz; das bloß Abscheuliche hat nichts Unterrichtendes für den Leser. Ein Unglücklicher, der bis zu dieser Tiefe heruntersank, musste sich endlich alles erlauben, was die Menschheit empört – aber einen zweiten Mord beging er nicht mehr, wie er selbst auf der Folter bezeugte.

Der Ruf dieses Menschen verbreitet sich in Kurzem durch die ganze Provinz. Die Landstraßen wurden unsicher, nächtliche Einbrüche beunruhigten den Bürger, der Name des Sonnenwirts wurde der Schrecken des Landvolks, die Gerechtigkeit[2] suchte ihn auf[3], und eine Prämie wurde auf seinen Kopf gesetzt. Er war so glücklich, jeden Anschlag auf seine Freiheit zu vereiteln, und verschlagen genug, den Aberglauben des wundersüchtigen Bauern zu seiner Sicherheit zu benutzen. Seine Gehülfen mussten aussprengen, er habe einen Bund mit dem Teufel gemacht und könne hexen. Der Distrikt[4], auf welchem er seine Rolle spielte, gehörte damals noch weniger als jetzt zu den aufgeklär-

[1] Hure (aus Rücksicht auf die moralische Einstellung der Leserschaft nicht ausgeschrieben)

[2] Gerichtsbarkeit; hier: Polizei

[3] hier: man fahndete nach ihm

[4] Bezirk

ten[1] Deutschlands; man glaubte diesem Gerüchte, und seine Person war gesichert. Niemand zeigte Lust, mit dem gefährlichen Kerl anzubinden[2], dem der Teufel zu Diensten stünde.

Ein Jahr schon hatte er das traurige Handwerk getrieben, als es anfinge, ihm unerträglich zu werden. Die Rotte, an deren Spitze er sich gestellt hatte, erfüllte seine glänzenden Erwartungen nicht. Eine verführerische Außenseite hatte ihn damals im Taumel des Weines geblendet; jetzt wurde er mit Schrecken gewahr, wie abscheulich er hintergangen worden. Hunger und Mangel traten an die Stelle des Überflusses, womit man ihn eingewiegt hatte, sehr oft musste er sein Leben an eine Mahlzeit wagen, die kaum hinreichte, ihn vor dem Verhungern zu schützen. Das Schattenbild jener *brüderlichen* Eintracht verschwand; Neid, Argwohn und Eifersucht wüteten im Innern dieser verworfenen Bande. Die Gerechtigkeit hatte demjenigen, der ihn lebendig ausliefern würde, Belohnung und, wenn es ein Mitschuldiger wäre, noch eine feierliche Begnadigung zugesagt – eine mächtige Versuchung für den Auswurf der Erde! Der Unglückliche kannte seine Gefahr. Die Redlichkeit derjenigen, die Menschen und Gott verrieten, war ein schlechtes Unterpfand[3] seines Lebens. Sein Schlaf war von jetzt an dahin, ewige Todesangst zerfraß seine Ruhe, das grässliche Gespenst des Argwohns rasselte hinter ihm, wo er hinfloh, peinigte ihn, wenn er wachte, bettete sich neben ihm, wenn er schlafen ging, und schreckte ihn in entsetzlichen Träumen. Das verstummte Gewissen gewann zugleich seine Sprache wieder und die schlafende Natter[4] der Reue wachte bei diesem

[1] Die „Aufklärung" ist eine gegen Ende des 17. Jahrhunderts entstandene Geistesbewegung, die in der Vernunft das Wesen des Menschen sah und deshalb besonders stark an die Wirksamkeit der Belehrung glaubte; wer nicht vernunftbestimmt handelte, galt deshalb als noch nicht aufgeklärt.

[2] niemand wollte sich mit ihm anlegen

[3] Sicherung

[4] Schlange

allgemeinen Sturm seine Busens[1] auf. Sein ganzer Hass wandte sich jetzt von der Menschheit und kehrte seine schreckliche Schneide gegen ihn selber. Er vergab jetzt der ganzen Natur und fand niemand als sich allein zu verfluchen. Das Laster hatte seinen Unterricht an dem Unglücklichen vollendet, sein natürlich guter Verstand siegte endlich über die traurige Täuschung. Jetzt fühlte er, wie tief er gefallen war, ruhigere Schwermut trat an die Stelle knirschender Verzweiflung. Er wünschte mit Tränen die Vergangenheit zurück; jetzt wusste er gewiss, dass er sie ganz anders wiederholen würde. Er fing an zu hoffen, dass er noch rechtschaffen werden dürfe, weil er bei sich empfand, dass er es könnte. Auf dem höchsten Gipfel seiner Verschlimmerung war er dem Guten näher, als er vielleicht vor seinem ersten Fehltritt gewesen war.

Um eben diese Zeit war der Siebenjährige Krieg[2] ausgebrochen, und die Werbungen gingen stark. Der Unglückliche schöpfte Hoffnung von diesem Umstand und schrieb einen Brief an seinen Landesherrn, den ich auszugsweise hier einrücke:

„Wenn Ihre fürstliche Huld sich nicht ekelt, bis zu *mir* herunterzusteigen, wenn Verbrecher *meiner* Art nicht außerhalb Ihrer Erbarmung liegen, so gönnen *Sie* mir Gehör, durchlauchtigster[3] Oberherr. Ich bin Mörder und Dieb, das Gesetz verdammt mich zum Tode, die Gerichte suchen mich auf – und ich biete mich an, mich freiwillig zu stellen. Aber ich bringe zugleich eine seltsame Bitte vor Ihren Thron. Ich verabscheue mein Leben und fürchte den Tod nicht, aber schrecklich ist mir's zu sterben, ohne gelebt zu haben. Ich möchte leben, um einen

[1] Brust (als Wohnung des Herzens und dadurch der Ort der inneren Gefühle und Empfindungen)

[2] der Krieg der meisten kontinentaleuropäischen Mächte gegen Preußen und Hannover mit gleichzeitigem britisch-französischem See- und Kolonialkrieg (1756–1763)

[3] Das damals (auch im Superlativ) übliche fürstliche Attribut „durchlauchtig" bedeutet „mit außergewöhnlichen Eigenschaften ausgestattet".

Teil des Vergangenen gutzumachen; ich möchte leben, um den Staat zu versöhnen, den ich beleidigt habe. Meine Hinrichtung wird ein Beispiel sein für die Welt, aber kein Ersatz meiner Taten. Ich hasse das Laster und sehne mich feurig nach Rechtschaffenheit und Tugend. Ich habe Fähigkeiten gezeigt, meinem Vaterland furchtbar zu werden; ich hoffe, dass mir noch einige übrig geblieben sind, ihm zu nützen.

Ich weiß, dass ich etwas Unerhörtes begehre. Mein Leben ist verwirkt, mir steht es nicht an, mit der Gerechtigkeit Unterhandlung zu pflegen. Aber ich erscheine nicht in Ketten und Banden vor Ihnen – noch bin ich frei – und meine Furcht hat den kleinsten Anteil an meiner Bitte.

Es ist Gnade, um was ich flehe. Einen Anspruch auf Gerechtigkeit, wenn ich auch einen hätte, wage ich nicht mehr geltend zu machen. – Doch an etwas darf ich meinen Richter erinnern. Die Zeitrechnung meiner Verbrechen fängt mit dem Urteilsspruch an, der mich auf immer um meine Ehre brachte. Wäre mir damals die Billigkeit[1] minder[2] versagt worden, so würde ich jetzt vielleicht keiner Gnade bedürfen.

Lassen Sie Gnade für Recht ergehen, mein Fürst! Wenn es in Ihrer fürstlichen Macht steht, das Gesetz für mich zu erbitten, so schenken Sie mir das Leben. Es soll Ihrem Dienste von nun an gewidmet sein. Wenn Sie es können, so lassen Sie mich Ihren gnädigsten Willen aus öffentlichen Blättern[3] vernehmen und ich werde mich auf Ihr fürstliches Wort in der Hauptstadt stellen. Haben Sie es anders mit mir beschlossen, so tue die Gerechtigkeit denn das Ihrige, ich muss das Meinige tun."

Diese Bittschrift blieb ohne Antwort, wie auch eine zwote und dritte, worin der Supplikant[4] um eine Reuter-

[1] Angemessenheit, Beurteilung eines Falles nach dem natürlichen Rechtsempfinden mit dem Ziel, die Rechtsfolgen an die besondere Lage des Einzelfalls anzupassen; vgl. die Verbindung „recht und billig".

[2] weniger (vgl. lat. minus)

[3] Zeitungen

[4] Bittsteller

stelle[1] im Dienste des Fürsten bat. Seine Hoffnung zu einem Pardon[2] erlosch gänzlich, er fasste also den Entschluss, aus dem Land zu fliehen und im Dienste des Königs von Preußen[3] als ein braver[4] Soldat zu sterben. Er entwischte glücklich seiner Bande und trat diese Reise an. Der Weg führte ihn durch eine kleine Landstadt, wo er übernachten wollte. Kurze Zeit vorher waren durch das ganze Land geschärftere Mandate zu strenger Untersuchung der Reisenden ergangen, weil der Landesherr, ein Reichsfürst, im Kriege Partei genommen hatte. Einen solchen Befehl hatte auch der Torschreiber[5] dieses Städtchens, der auf einer Bank vor dem Schlage[6] saß, als der Sonnenwirt geritten kam. Der Aufzug dieses Mannes hatte etwas Possierliches und zugleich etwas Schreckliches und Wildes. Der hagre Klepper, den er ritt, und die burleske[7] Wahl seiner Kleidungsstücke, wobei wahrscheinlich weniger sein Geschmack als die Chronologie[8] seiner Entwendungen zu Rat gezogen war, kontrastierte seltsam genug mit einem Gesicht, worauf so viele wütende Affekte, gleich den verstümmelten Leichen auf einem Walplatz[9], verbreitet lagen. Der Torschreiber stutzte beim Anblick dieses seltsamen Wanderers. Er war am Schlagbaum grau geworden und eine vierzigjährige Amtsführung hatte in ihm einen unfehlbaren Physiognomen[10] aller Landstreicher erzogen. Der Falkenblick dieses Spürers verfehlte auch hier seinen Mann nicht. Er sperrte sogleich das Stadttor und forderte dem Reiter den Pass ab, indem er sich seines Zügels

1 eine Stelle in der Reiterei, der zu Pferd fechtenden Truppe (Kavallerie)
2 (frz.) Gnade
3 bis 1945 der größte Einzelstaat des Deutschen Reiches; zur Zeit des Siebenjährigen Krieges regierte dort Friedrich der Große.
4 tüchtiger
5 einfacher Beamter, Kontrolleur am Stadttor
6 (hölzernes) Torhaus (vgl. Taubenschlag)
7 possenhaft, komisch
8 zeitliche Folge (seiner Kleiderdiebstähle)
9 Kampfplatz, Schlachtfeld
10 Deuter des Charakters einer Person aus ihrer äußeren Erscheinung, besonders den Formen und Zügen des Gesichts

versicherte. Wolf war auf Fälle dieser Art vorbereitet und führte auch wirklich einen Pass bei sich, den er ohnlängst[1] von einem geplünderten Kaufmann erbeutet hatte. Aber dieses einzelne Zeugnis war nicht genug, eine vierzigjährige Observanz[2] umzustoßen und das Orakel[3] am Schlagbaum zu einem Widerruf zu bewegen. Der Torschreiber glaubte seinen Augen mehr als diesem Papiere, und Wolf war genötigt, ihm nach dem Amtshaus zu folgen.

Der Oberamtmann des Orts untersuchte den Pass und erklärte ihn für richtig. Er war ein starker Anbeter der Neuigkeit und liebte besonders, bei einer Bouteille[4] über die Zeitung zu plaudern. Der Pass sagte ihm, dass der Besitzer geradewegs aus den feindlichen Ländern käme, wo der Schauplatz des Krieges war. Er hoffte, Privatnachrichten aus dem Fremden herauszulocken, und schickte einen Sekretär mit dem Pass zurück, ihn auf eine Flasche Wein einzuladen.

Unterdessen hält der Sonnenwirt vor dem Amtshaus; das lächerliche Schauspiel hat den Janhagel[5] des Städtchens scharenweise um ihn her versammelt. Man murmelt sich in die Ohren, deutet wechselweise auf das Ross und den Reiter; der Mutwille des Pöbels steigt endlich bis zu einem lauten Tumult. Unglücklicherweise war das Pferd, worauf jetzt alles mit Fingern wies, ein geraubtes; er bildet sich ein, das Pferd sei in Steckbriefen beschrieben und erkannt. Die unerwartete Gastfreundlichkeit des Oberamtmanns vollendet seinen Verdacht. Jetzt hält er's für ausgemacht, dass die Betrügerei seines Passes verraten und diese Einladung nur die Schlinge sei, ihn lebendig und ohne Widersetzung zu fangen. Böses Gewissen macht ihn zum Dummkopf, er gibt seinem Pferde die Sporen und rennt davon, ohne Antwort zu geben.

---

1 unlängst, vor Kurzem
2 strikte Befolgung bestehender Regeln
3 Ratgeber, der aufgrund göttlicher Eingebung rätselhafte, aber verbindliche Sprüche fällt; hier ironisch gemeint
4 (frz.) Flasche
5 Pöbel (aus dem Niederländischen)

Diese plötzliche Flucht ist die Losung zum Aufstand. „Ein Spitzbube[1]!“, ruft alles, und alles stürzt hinter ihm her. Dem Reuter gilt es um Leben und Tod, er hat schon den Vorsprung, seine Verfolger keuchen atemlos nach, er ist seiner Rettung nahe – aber eine schwere Hand drückt unsichtbar gegen ihn, die Uhr seines Schicksals ist abgelaufen, die unerbittliche Nemesis[2] hält ihren Schuldner an. Die Gasse, der er sich anvertraute, endigt in einem Sack[3], er muss rückwärts gegen seine Verfolger umwenden.

Der Lärm dieser Begebenheit hat unterdessen das ganze Städtchen in Aufruhr gebracht, Haufen sammeln sich zu Haufen, alle Gassen sind gesperrt, ein Heer von Feinden kömmt im Anmarsch gegen ihn her. Er zeigt eine Pistole, das Volk weicht, er will sich mit Macht einen Weg durchs Gedränge bahnen. „Dieser Schuss“, ruft er, „soll dem Tollkühnen, der mich halten will“ – Die Furcht gebietet eine allgemeine Pause – ein beherzter Schlossergeselle endlich fällt ihm von hinten her in den Arm und fasst den Finger, womit der Rasende eben losdrücken will, und drückt ihn aus dem Gelenke. Die Pistole fällt, der wehrlose Mann wird vom Pferde herabgerissen und im Triumphe nach dem Amthaus zurückgeschleppt.

„Wer seid Ihr?“, frägt der Richter mit ziemlich brutalem Ton.

„Ein Mann, der entschlossen ist, auf keine Frage zu antworten, bis man sie höflicher einrichtet.“

„Wer sind Sie?“

„Für was ich mich ausgab. Ich habe ganz Deutschland durchreist und die Unverschämtheit nirgends als hier zu Hause gefunden.“

„Ihre schnelle Flucht macht Sie sehr verdächtig. Warum flohen Sie?“

[1] Betrüger, Räuber

[2] griech. Göttin der Vergeltung, Wahrerin des rechten Maßes und Feindin allzu großen Glücks

[3] Ende (der Straße) ohne Ausgang

„Weil ich's müde war, der Spott Ihres Pöbels zu sein."
„Sie drohten, Feuer zu geben."
„Meine Pistole war nicht geladen." Man untersuchte das Gewehr, es war keine Kugel darin.
„Warum führen Sie heimliche Waffen bei sich?"
„Weil ich Sachen von Wert bei mir trage, und weil man mich vor einem gewissen Sonnenwirt gewarnt hat, der in diesen Gegenden streifen soll."
„Ihre Antworten beweisen sehr viel für Ihre Dreistigkeit, aber nichts für Ihre gute Sache. Ich gebe Ihnen Zeit bis morgen, ob Sie mir die Wahrheit entdecken wollen."
„Ich werde bei meiner Aussage bleiben."
„Man führe ihn nach dem Turm[1]."
„Nach dem Turm? – Herr Oberamtmann, ich hoffe, es gibt noch Gerechtigkeit in diesem Lande. Ich werde Genugtuung fordern."
„Ich werde sie Ihnen geben, sobald Sie gerechtfertigt sind."
Den Morgen darauf überlegte der Oberamtmann, der Fremde möchte doch wohl unschuldig sein; die befehlshaberische Sprache würde nichts über seinen Starrsinn vermögen, es wäre vielleicht besser getan, ihm mit Anstand und Mäßigung zu begegnen. Er versammelte die Geschwornen des Orts und ließ den Gefangenen vorführen.
„Verzeihen Sie es der ersten Aufwallung[2], mein Herr, wenn ich Sie gestern etwas hart anließ."
„Sehr gern, wenn Sie mich so fassen."
„Unsre Gesetze sind strenge, und Ihre Begebenheit machte Lärm. Ich kann Sie nicht freigeben, ohne meine Pflicht zu verletzen. Der Schein ist gegen Sie. Ich wünschte, Sie sagten mir etwas, wodurch er widerlegt werden könnte."
„Wenn ich nun nichts wüsste?"
„So muss ich den Vorfall an die Regierung berichten, und Sie bleiben so lang in fester Verwahrung."

---

1 Stadtturm, Teil der Wehranlage, der als Gefängnis benutzt wurde
2 Erregung

„Und dann?“

„Dann laufen Sie Gefahr, als ein Landstreicher über die Grenze gepeitscht zu werden oder, wenn's gnädig geht, unter die Werber[1] zu fallen.“

Er schwieg einige Minuten und schien einen heftigen Kampf zu kämpfen; dann drehte er sich rasch zu dem Richter.

„Kann ich auf eine Viertelstunde mit Ihnen allein sein?“

Die Geschwornen sahen sich zweideutig an, entfernten sich aber auf einen gebietenden Wink ihres Herrn.

„Nun, was verlangen Sie?“

„Ihr gestriges Betragen, Herr Oberamtmann, hätte mich nimmermehr zu einem Geständnis gebracht, denn ich trotze der Gewalt. Die Bescheidenheit, womit Sie mich heute behandeln, hat mir Vertrauen und Achtung gegen Sie gegeben. Ich glaube, dass Sie ein edler Mann sind.“

„Was haben Sie mir zu sagen?“

„Ich sehe, dass Sie ein edler Mann sind. Ich habe mir längst einen Mann gewünscht wie Sie. Erlauben Sie mir Ihre rechte Hand.“

„Wo will das hinaus?“

„Dieser Kopf ist grau und ehrwürdig. Sie sind lang in der Welt gewesen – haben der Leiden wohl viele gehabt – Nicht wahr? und sind menschlicher worden?“

„Mein Herr – wozu soll das?“

„Sie stehen noch einen Schritt von der Ewigkeit, bald – bald brauchen Sie Barmherzigkeit bei Gott. Sie werden sie Menschen nicht versagen –– Ahnden Sie nichts? Mit wem glauben Sie, dass Sie reden?“

„Was ist das? Sie erschrecken mich.“

„Ahnden Sie noch nicht? – Schreiben Sie es Ihrem Fürsten, wie Sie mich fanden und dass ich selbst aus freier Wahl mein Verräter war – dass *ihm* Gott einmal gnädig sein werde, wie er jetzt mir es sein wird – bitten Sie für mich, alter Mann, und lassen Sie dann auf Ihren Bericht eine Träne fallen: Ich bin der Sonnenwirt.“

---

[1] hier: Leute, die (oft mit zweifelhaften Methoden) junge Männer zum Militärdienst verpflichten wollen

Anhang

1. Schillers „Verbrecher aus verlorener Ehre“: Entstehung des Werkes

Friedrich Schiller. Ölporträt von Jakob Friedrich Weckherlin, um 1780, Schiller Nationalmuseum, Deutsches Literaturarchiv, Marbach

Friedrich Schiller: Stationen seines Lebens

„Die ersten Jugendjahre bestimmen vielleicht die Gesichtszüge des Menschen durch sein ganzes Leben, so wie sie überhaupt die Grundlage seines moralischen Charakters sind." Diese Worte des zwanzigjährigen Friedrich Schiller treffen sicherlich auch auf seine Person zu.
Er wird am 10. November 1759 in Marbach am Neckar als Sohn eines Wundarztes und Offiziers geboren. Einige Jahre später erhält sein Vater einen Posten als Werbeoffizier, woraufhin die Familie in das württembergische Grenzdorf Lorch umzieht. Nach einer weiteren Versetzung seines Vaters nach Ludwigsburg besucht Schiller dort die Lateinschule; er will Theologie studieren. Doch seine Zukunftspläne kann er nicht in die Tat umsetzen, denn 1773 gründet Karl Eugen, Herzog von Württemberg, in Stuttgart eine Militärakademie, die sogenannte „Karlsschule". Alle Schulen des Landes müssen ihre begabten Schüler, darunter auch Schiller, dem Herzog überlassen, der auf der neugegründeten Anstalt seinen Nachwuchs an Beamten und Offizieren heranziehen will. Nicht nur dieses willkürliche Eingreifen des Herzogs in das Privatleben der Untertanen, sondern auch die Ordnung der „Karlsschule", die auf totalem Freiheitsentzug beruht, prägen Schiller: Er leidet unter zahlreichen Krankheiten und entwickelt zunehmend Abneigung gegen diese starre Ordnung. Der Tagesablauf der „Karlsschule" sieht wie folgt aus:

05.00 Uhr	Wecken, Frühappell, Gebet, Frühstück aus Brot- oder Mehlsuppe
07.00 Uhr	Unterricht
11.00 Uhr	Reinigung: Putzen und Flicken des Paradeanzugs, Herrichten des Zopfs (den die Männer der damaligen Mode entsprechend tragen müssen) u.a.
12.00 Uhr	Mittagsappell, Einzug in den Speisesaal, schweigende Einnahme der Mahlzeit
13.00 Uhr	Spaziergang, bei schlechtem Wetter Exerzieren (Üben im Sinne der Soldatenausbildung)

14.00 Uhr Unterricht
18.00 Uhr Wieder peinlichste Reinigung
19.30 Uhr Abendessen
21.00 Uhr Nachtruhe

Doch trotz dieses durchorganisierten Tagesablaufs und des Verbots von Privatlektüre liest Schiller sehr viel und beginnt nachts selbst zu dichten. Seine Jugendlyrik ist oft politisch geprägt: Er wendet sich gegen veraltete und unterdrückende Ordnungen, z. B. gegen die grausame „Constitutio criminalis Carolina“ aus dem Jahre 1532 (in seiner Ballade „Die Kindsmörderin“), ein Gesetz, nach dem die meist aus Furcht vor gesellschaftlicher Ausgrenzung begangene Kindestötung lediger Mütter mit dem Tode bestraft wird. In dem Drama „Die Räuber“, das 1781 fertiggestellt wird, kritisiert er unter dem Eindruck des herrischen Verhaltens des Herzogs absolutistische Fürstenwillkür.

Als er 1780 seine Abschlussprüfung besteht und aus der Akademie entlassen wird, betätigt sich Schiller auf Weisung des Herzogs als Mediziner. Diesen aufgezwungenen Beruf übt er ohne jegliches Interesse aus.

Nachdem 1782 „Die Räuber“ außerhalb des Landes (in Mannheim) zum ersten Mal aufgeführt worden sind, wird Schiller vom Herzog Karl Eugen ein Schreibverbot auferlegt. Schiller flieht nach Frankfurt a. M.; die weiteren Jahre verbringt er an wechselnden Orten in äußerster Armut. In dieser Zeit entstehen weitere Dramen, z. B. „Kabale und Liebe“ (1782) und „Don Carlos“ (1787), sowie in der von Schiller herausgegebenen Zeitschrift „Thalia“ die Erzählung „Verbrechen aus Infamie“ (1786), die einen künstlerischen Höhepunkt innerhalb der zeitgenössischen Erzählliteratur markiert. (Für die stilistisch überarbeitete Fassung, die er 1792 in der Sammlung „Kleinere prosaische Schriften“ veröffentlicht, findet Schiller den seither gebräuchlichen Titel „Der Verbrecher aus verlorener Ehre“.)

1787 reist Schiller einer neuen Epoche seines Lebens entgegen. Er will sich in Weimar niederlassen, wo er hofft, in der Nähe von anderen Dichtern wie Johann Wolfgang Goethe, Christoph Martin Wieland und Johann Gottfried Herder Anregungen für sein literarisches Schaffen zu finden. Goethe begegnet ihm jedoch abweisend.

Schiller übernimmt daraufhin eine Professur für Geschichte an der Universität der nahe gelegenen Stadt Jena, kann jedoch seiner Lehrtätigkeit wegen seiner angegriffenen Gesundheit nur unregelmäßig nachkommen.
Schillers Gesundheitszustand verschlimmert sich zwar immer mehr; aber ab 1791 ist wenigstens sein Auskommen gesichert: Er erhält auf Vermittlung eines Freundes drei Jahre lang aus Dänemark eine Ehrengabe von 1000 Talern. So kann er sich unbeschwerter als vorher seinen wissenschaftlichen Studien widmen, er setzt sich besonders mit den Werken des Philosophen Immanuel Kant auseinander. Außerdem heiratet er Charlotte von Lengefeld, Tochter einer adligen Familie.
Drei Jahre später (1794) vollzieht sich die große Wende in Schillers Leben: Er arbeitet zusammen mit Goethe an der literarischen Zeitschrift „Die Horen". Aus der Zusammenarbeit entwickelt sich schließlich eine tiefe Freundschaft mit Goethe, wodurch Schiller zu dichterischen Höchstleistungen angespornt wird. In den folgenden Jahren entsteht eine Fülle bedeutender Texte: im sogenannten „Balladenjahr" 1797 „Der Taucher", „Die Kraniche des Ibykus" und „Der Ring des Polykrates". Es folgen die Dramen „Maria Stuart", „Die Jungfrau von Orleans" und sein gewaltigstes Werk, der „Wallenstein", für dessen Vollendung er zwei Jahre benötigt.
Im Gegensatz zu seinen frühen Werken, die dem Sturm und Drang zugerechnet werden und in denen er mit der Anklage von Willkür und Gewalt seine Gefühle sprechen lässt, greift er in diesen Werken historische Stoffe auf. Sie bilden zusammen mit den Kunstwerken Goethes den Höhepunkt der deutschen Klassik.
1804 folgt sein letztes vollendetes Werk, das ihm den Erfolg seines Lebens bringt: das Drama „Wilhelm Tell". Schiller stirbt am 9. Mai 1805 im Alter von 46 Jahren.

Entstehung und Herausgabe der Erzählung „Verbrechen aus Infamie“

In verschiedenen Zeugnissen ist überliefert, dass Schiller bei seinem Lieblingslehrer an der Karlsschule, Prof. Abel, Vorlesungen hörte, die zugleich in die Psychologie[1], Sozialpsychologie[2] und Literaturästhetik[3] einführten. Wobei Abel, wie er z.T. selbst berichtet, vorzugsweise aktuelle Vorfälle oder berühmte literarische Muster für seine „Fallstudien“ heranzog. Bei unserer Erzählung kann man daher annehmen, dass sowohl die Psychologie und die Soziologie[4] des „Verbrechens“ wie ihre literarische Gestaltung exemplarisch[5] auf den Einfluss des Lehrers zurückgeführt werden können. Eine Feststellung, die für das gesamte Lebenswerk Schillers, in dem die Motivverknüpfung von Kriminalpsychologie, Revolution, monarchisch-absolutistischer Machtausübung und moralisch-didaktischer Intention[6] und „Tendenz“ des Schriftstellers eine überaus prominente Rolle spielt, entscheidende Akzente gesetzt haben dürfte. Das zeigt sich gerade an der Entstehungsgeschichte *dieser* Erzählung – hatte doch eben Abels Vater, weiland (Ober-) Amtmann zu Vaihingen an der Enz, den Sonnenwirt festgenommen, nämlich den Räuberhauptmann Schwan (1729–1760), worüber Abel selbst in einem Beitrag zu seinem zweibändigen Werk „Sammlung und Erklärung merkwürdiger Erscheinungen aus dem menschlichen Leben“ (Bd. 2; 1787) berichtet[7]. Direkte biografische Anspielungen wurden von Schiller aus verständlichen politischen Gründen z.T. verschlüsselt. So wurde der Räuber Schwan in Wolf umgetauft – sicherlich, um Schillers Verleger Schwan

[1] Friedrich Schiller benutzte dafür die Eindeutschung „Seelenlehre“.
[2] die die Erlebens- und Verhaltensweisen in Gesellschaften untersuchende Forschung im Grenzgebiet zwischen Psychologie und Soziologie
[3] Wissenschaft von der Literatur als Kunstform
[4] Gesellschaftslehre
[5] als ein wichtiges Beispiel
[6] sittlich belehrende Absicht
[7] siehe S. 60ff.

nicht zu brüskieren. Ferner wurde der Schauplatz (Württemberg) verstellt. [...]
Einen unmittelbaren Eindruck von der Problematik des „Strafvollzugs“ und von der Fragwürdigkeit des „Verbrechens“ gewann der junge Schiller zudem durch den Besuch beim revolutionären Literaten und Journalisten Christian Friedrich Daniel Schubart im „Staatsgefängnis“ des württembergischen Herzogs, auf der Feste Hohenasperg, wo bekanntlich heute noch eine Vollzugsanstalt existiert. Der damalige Kommandant der Feste, General Rieger, wird in einer anderen bekannten Erzählung Schillers *(Spiel des Schicksals)*[1] charakterisiert.

Aus: Bodo Lecke (Hrsg.): Projekt Deutschunterricht 9. Literatur der Klassik II – Lyrik/Epik/Ästhetik. Stuttgart: Metzler 1975. S. 119–120.

[1] siehe S. 78ff.

Schillers Ankündigung in seiner Zeitschrift „Thalia“ (1784)

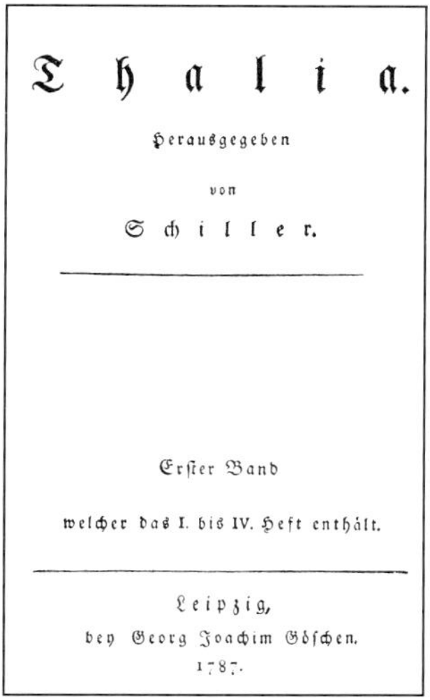
Thalia.
Herausgegeben
von
Schiller.

Erster Band
welcher das I. bis IV. Heft enthält.

Leipzig,
bey Georg Joachim Göschen.
1787.

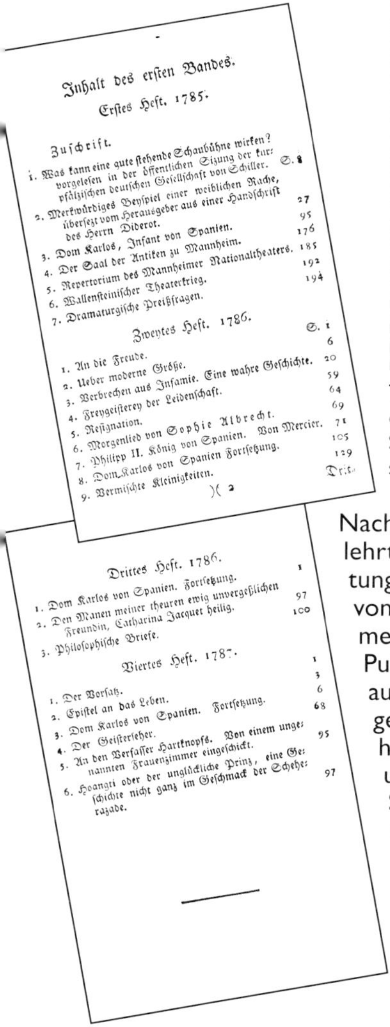
Inhalt des ersten Bandes.

Erstes Heft. 1785.

Zuschrift.
1. Was kann eine gute stehende Schaubühne wirken? vorgelesen in der öffentlichen Sitzung der kurpfälzischen deutschen Gesellschaft von Schiller. S. 1
2. Merkwürdiges Beyspiel einer weiblichen Rache, übersezt vom Herausgeber aus einer Handschrift des Herrn Diderot. 27
3. Dom Karlos, Infant von Spanien. 95
4. Der Saal der Antiken zu Mannheim. 176
5. Repertorium des Mannheimer Nationaltheaters. 185
6. Wallensteinischer Theaterkrieg. 192
7. Dramaturgische Preißfragen. 194

Zweytes Heft. 1786.

1. An die Freude. S. 1
2. Ueber moderne Größe. 6
3. Verbrechen aus Infamie. Eine wahre Geschichte. 20
4. Freygeisterey der Leidenschaft. 59
5. Resignation. 64
6. Morgenlied von Sophie Albrecht. 69
7. Philipp II. König von Spanien. Von Mercier. 71
8. Dom Karlos von Spanien Fortsetzung. 105
9. Vermischte Kleinigkeiten. 129

Drittes Heft. 1786.

1. Dom Karlos von Spanien. Fortsetzung. 1
2. Den Manen meiner theuren ewig unvergeßlichen Freundin, Catharina Jacquet heilig. 97
3. Philosophische Briefe. 100

Viertes Heft. 1787.

1. Der Vorsatz. 1
2. Epistel an das Leben. 3
3. Dom Karlos von Spanien. Fortsetzung. 6
4. Der Geisterseher. 68
5. An den Verfasser Hartknopfs. Von einem ungenannten Frauenzimmer eingeschickt. 95
6. Hoangti oder der unglückliche Prinz, eine Geschichte nicht ganz im Geschmack der Scheherazade. 97

Titelblatt und Inhaltsverzeichnis des ersten Bandes der „Thalia“. Schiller Nationalmuseum/Deutsches Literaturarchiv, Marbach

Nach so vielen Journalen[1], gelehrten und empfindsamen Zeitungen, welche Deutschland von Jahr zu Jahr überschwemmen, bin ich ungewiss, wie das Publikum diese neue Einladung aufnehmen wird. Zu oft schon geschah es, dass hinter die heiligen Worte Patriotismus und allgemeines Beste die Spekulation eines Kaufmanns sich flüchtete. – Der Rezess[2] meiner Vorgänger

[1] Zeitschriften
[2] (lat.) „Rücktritt“, Auseinandersetzung

(nur wenige will ich ausnehmen) hat den Liebhaber abgeschreckt. Sie haben, wie Macbeth[1] seine Hexen beschuldigt, unserm Ohr Wort gehalten, aber unsrer Hoffnung gebrochen. Blindes Vertrauen des Publikums ist das Einzige, woran ich noch appellieren kann – Dieses vielleicht zu gewinnen, erlaube man mir eine Ausschweifung.

Ich schreibe als Weltbürger, der keinem Fürsten dient. Frühe verlor ich mein Vaterland, um es gegen die große Welt einzutauschen, die ich nur eben durch die Fernröhre kannte. Ein seltsamer Missverstand der Natur hat mich in meinem Geburtsort zum Dichter verurteilt. Neigung für Poesie beleidigte die Gesetze des Instituts[2], worin ich erzogen ward und widersprach dem Plan seines Stifters. Acht Jahre rang mein Enthusiasmus[3] mit der militärischen Regel; aber Leidenschaft für die Dichtkunst ist feurig und stark wie die erste Liebe. Was sie ersticken sollte, fachte sie an. Verhältnissen zu entfliehen, die mir zur Folter waren, schweifte mein Herz in eine Idealenwelt aus – aber unbekannt mit der wirklichen, von welcher mich eiserne Stäbe schieden – unbekannt mit den Menschen – denn die vierhunderte, die mich umgaben, waren ein einziges Geschöpf, der getreue Abguss eines und eben dieses Modells, von welchem die plastische Natur sich feierlich lossagte – unbekannt mit den Neigungen freier, sich selbst überlassener Wesen, denn hier kam nur eine zur Reife, eine, die ich jetzo nicht nennen will; jede übrige Kraft des Willens erschlafft, indem eine einzige sich konvulsivisch[4] spannte; jede Eigenheit, jede Ausgelassenheit der tausendfach spielenden Natur ging in dem regelmäßigen Tempo der herrschenden Ordnung verloren. – Unbekannt mit dem schönen Geschlecht – die Tore dieses Instituts öffnen sich, wie man wissen wird, Frauenzimmern nur, ehe sie anfangen, interessant zu werden, und wenn sie aufgehört haben, es zu sein – unbekannt mit Menschen und Menschen-

---

[1] Königsmörder aus Schottlands Geschichte, den William Shakespeare zum Helden einer Tragödie gemacht hat (1606)

[2] die „Karlsschule“ (vgl. S. 36f.)

[3] Begeisterung, Leidenschaft

[4] krampfartig

schicksal musste mein Pinsel[1] notwendig die mittlere Linie zwischen Engel und Teufel verfehlen, musste er ein Ungeheuer hervorbringen, das zum Glück in der Welt nicht vorhanden war, dem ich nur darum Unsterblichkeit wünschen möchte, um das Beispiel einer Geburt zu verewigen, die der naturwidrige Beischlaf der Subordination[2] und des Genius[3] in die Welt setzte. – Ich meine die „Räuber".[4]
Dies Stück ist erschienen. Die ganze sittliche Welt hat den Verfasser als einen Beleidiger der Majestät vorgefordert – Seine ganze Verantwortung sei das Klima, unter dem es geboren ward. Wenn von allen den unzähligen Klagschriften gegen die „Räuber" eine einzige mich trifft, so ist es diese, dass ich zwei Jahre vorher mir anmaßte, Menschen zu schildern, ehe mir noch einer begegnete.
Die „Räuber" kosteten mir Familie und Vaterland.
In einer Epoche, wo noch der Ausspruch der Menge unser schwankendes Selbstgefühl lenken muss, wo das warme Blut eines Jünglings durch den freundlichen Sonnenblick des Beifalls munterer fließt, tausend einschmeichelnde Ahndungen künftiger Größe seine schwindelnde Seele umgeben und der göttliche Nachruhm in schöner Dämmerung vor ihm liegt – mitten im Genuss des ersten verführerischen Lobes, das ungehofft und unverdient aus entlegenen Provinzen mir entgegenkam, untersagte man mir in meinem Geburtsort bei Strafe der Festung – zu schreiben. Mein Entschluss ist bekannt – ich verschweige das Übrige, weil ich es in keinem Falle für anständig halte, gegen denjenigen mich zu stellen, der bis dahin mein Vater war. Mein Beispiel wird kein Blatt aus dem Lorbeerkranz dieses Fürsten reißen, den die Ewigkeit nennen wird. Seine Bildungsschule hat das Glück mancher Hunderter gemacht, wenn sie auch gerade das meinige verfehlt haben sollte.
Nunmehr sind alle meine Verbindungen aufgelöst. Das Publikum ist mir jetzt alles, mein Studium, mein Souverain[5],

[1] Schiller vergleicht seine dichterische Tätigkeit mit der eines Malers.
[2] Unterordnung
[3] schöpferische Kraft
[4] siehe S. 75–78
[5] Herrscher

mein Vertrauter. Ihm allein gehöre ich jetzt an. Vor diesem und keinem andern Tribunal[1] werde ich mich stellen. Dieses nur fürchte ich und verehr ich. Etwas Großes wandelt mich an bei der Vorstellung, keine andere Fessel zu tragen als den Ausspruch der Welt – an keinen anderen Thron mehr zu appellieren als an die menschliche Seele.
Es befremdet vielleicht, auf dem Anzeigeblatt eines Journals die Jugendgeschichte seines Verfassers zu finden, und doch war kein Weg natürlicher, den Leser in das Innere meiner Unternehmung zu führen, als wenn ich ihm die Bekanntschaft des Menschen machte, der sie ausführen soll.
Die „Rheinische Thalia" wird jedem Gegenstand offenstehen, der den Menschen interessiert und unmittelbar mit seiner Glückseligkeit zusammenhängt. Also alles, was fähig ist, den sittlichen Sinn zu verfeinern, was im Gebiet des Schönen liegt, alles, was Herz und Geschmack veredeln, Leidenschaften reinigen und allgemeine Volksbildung wirken kann, ist in ihrem Plane begriffen.
I. Gemälde[2] merkwürdiger Menschen und Handlungen – Losgesprochen von allen Geschäften, über jede Rücksicht hinweggesetzt – ein Bürger des Universums, der jedes Menschengesicht in seine Familie aufnimmt und das Interesse des Ganzen mit Bruderliebe umfasst, fühl ich mich aufgefordert, dem Menschen durch jede Dekoration[3] des bürgerlichen Lebens zu folgen, in jedem Zirkel[4] ihn aufzusuchen und, wenn ich mich des Bildes bedienen darf, die Magnetnadel an sein Herz hinzuhalten. Neu gefundene Räder in dem unbegreiflichen Uhrwerk der Seele – einzelne Phänomene, die sich in irgendeine merkwürdige Verbesserung oder Verschlimmerung auflösen, sind mir, ich gestehe es, wichtiger als die toten Schätze im Kabinett[5] des Antikensammlers oder ein neu entdeckter Nachbar des Saturnus, dem doch der glückliche Finder seinen Namen sogleich in die Ewigkeit aufladet.

---

[1] Gerichtshof
[2] Darstellung (vgl. Anmerkung 1, Seite 43)
[3] Ausstattung
[4] (gesellschaftlicher) Kreis
[5] kleiner Museumsraum

II. Philosophie für das handelnde Leben
III. Schöne Natur und schöne Kunst in der Pfalz [...]
IV. Deutsches Theater [...]
V. Gedichte und Rhapsodien[1], Fragmente von dramatischen Stücken
VI. Beurteilungen wichtiger Männer und Schriften
VII. Geständnisse von mir selbst
VIII. Korrespondenzen – Anzeigen – Miszellaneen[2]

Aus: Bodo Lecke (Hrsg.): Dichter über ihre Dichtungen. Friedrich Schiller. Von den Anfängen bis 1795. München: Heimeran 1969. S. 772 f.

[1] Gedichte in freien Rhythmen
[2] Vermischtes

2. Geschichtliche Voraussetzungen und erste Reaktionen der Leserschaft

Räuberbanden

Herkunft der Banditen

Die beiden auftretenden Typen von Banditen unterscheiden sich zunächst in ihrer verschiedenen sozialen Herkunft. Die ländliche Bevölkerung ist die Heimat des *Bauernbanditen*, des *‚idealtypischen Sozialrebellen'*. Namentlich in Zeiten besonderer Not und Unterdrückung beginnen sich einzelne Bauern gegen die offensichtlichen gesellschaftlichen Missstände zu wehren. Sie bekämpfen mehr oder minder bewusst die unerträglichen Auswüchse herrschaftlicher Willkür, stellen jedoch keinesfalls die Herrschaftsverhältnisse an sich in Frage.
Eine andere Einstellung zu Staat und Gesellschaft zeigen die Vertreter einer starken ländlichen, meist vagierenden[1] Unterschicht. Ihre Angehörigen – in erster Linie Vaganten[2], dann Angehörige ‚unehrlicher Berufe', Zigeuner und ein Teil der jüdischen Bevölkerung – sehen sich ausnahmslos meist ohne eigene Schuld in sozial gering geachteter und wirtschaftlich kaum hinreichender Lage. Sie haben dabei nur selten die Möglichkeit, ihren Status[3] aus eigener Kraft zu ändern, und sehen sich überdies noch scharfen polizeilichen Verfolgungen ausgesetzt. Diese ins gesellschaftliche Abseits gedrängte Bevölkerungsgruppe bildet im achtzehnten Jahrhundert nahezu geschlossen ein internationales Gauner- und Verbrechertum. Ihre Angehörigen verstehen sich als erklärte Gegner einer gesellschaftlichen Ordnung, die ihnen keinen zureichenden Platz bietet. Gewissermaßen als ‚harter Kern' dieses Gaunertums erscheinen die Räuberbanden. Während die Lebensweise des Gauners als defensiv zu bezeichnen ist, einzig darauf ausgerichtet, in feindlicher Umwelt zu überleben, trägt das Vorgehen des Räubers Merkmale offenen Aufbegehrens.

---

[1] beschäftigungslos umherziehen
[2] Landstreicher
[3] Zustand

Motivation der Räuber

Die Aussicht auf Beute ist wohl das überwiegende Motiv des Räubertums, nicht jedoch unbedingt auch das einzige. Beim *Bauernbanditen* steht der Kampf für die Belange seines eigenen Standes offensichtlich im Vordergrund. Seine Grundlage sind Rechtsvorstellungen, die in der Bevölkerung verwurzelt sind, nicht jedoch mit den Gesetzen der ‚Herrschenden' übereinstimmen. Bei den Bauern findet er Rückhalt und Unterstützung und fordert allerdings auch mit allem Nachdruck loyales[1] Verhalten. Die Opfer seiner Überfälle sind ausschließlich die ‚Herren' und ihre Beamten, deren privilegierte[2] Stellung und zeitweilig willkürliche Herrschaftsausübung den Widerstand überhaupt erst herausfordern. In dem stolzen Bewusstsein, dass sein Vorgehen ‚rechtliche Sache' sei, eine Überzeugung, die von den Bauern geteilt wird, hält es der *Bauernbandit* nicht für notwendig, ein Leben im Geheimen zu führen. In aller Offenheit bekennt er sich zu seinen Taten. So erscheint es ihm sogar sinnvoll, Militär- und Polizeikräften unmittelbaren Widerstand zu leisten; Erfolge im Kampf stärken noch seinen Ruf im Volk. Er sieht sich in einer Notwehrsituation den ‚Herren' gegenüber, bekämpft jedoch nicht die bestehende soziale Ordnung als solche. Bemerkenswerterweise wendet er sich nicht ausdrücklich gegen den Landesherrn. Die aus der Vagantenbevölkerung hervorgegangenen *‚kriminellen' Banditen* handeln deutlicher erkennbar aus einem Bewusstsein der grundsätzlichen Gegnerschaft zum Staat und zu den ‚Herrschenden'. Schon die Lebens- und Erwerbsform der Gauner und Vaganten trägt gesellschaftliche Züge. Insbesondere der Raub jedoch, die gewaltsame Aktion häufig gegen Vertreter des Staates, durchgeführt von einer Bande, gestützt auf eine regelrechte, umfassende Organisation, erscheint zugleich als Form eines – wenn auch primitiven – sozialen Protests. Das Motiv der Beute bleibt dabei immer im Vordergrund bestehen.

---

[1] hier: ein Verhalten, das den Interessen des Banditen entspricht
[2] mit Vorrechten ausgestattet

Dieser *‚kriminelle' Bandit* ist Mitglied der missachteten ländlichen Unterschicht. Hier akzeptiert man naturgemäß nicht die offiziellen Normen und Gesetze, die ja dem Staat die Handhabe zu Verfolgungen der eigenen Bevölkerungsgruppe bieten. Diese Verfolgungen werden als Unrecht empfunden und die Banditen verstehen ihre illegale Handlungsweise folglich als Teil eines rechtmäßigen Widerstandes. Sie sehen sich folgerichtig als Gegner eines jeden ‚ehrlichen' Bürgers, der durch seine ‚Rechtschaffenheit' die bestehende Ordnung schützt. Dennoch differenziert[1] man in der Behandlung der Gegner: Bevorzugte Opfer sind Beamte, Pfarrer, Reiche und Adelige, während auf der anderen Seite die armen Leute häufig verschont werden. Zweifellos ist hier von Bedeutung, dass gerade die Repräsentanten des Staates und die Wohlhabenden zufriedenstellende Beute verheißen, doch existieren auch eindeutige Belege für eine prinzipielle Gegnerschaft zu diesem Personenkreis. Er wird offensichtlich für die eigene missliche Lage verantwortlich gemacht.

Somit lassen sich gewisse Parallelen zwischen dem *Bauernbanditen* und dem *‚kriminellen' Banditen* ziehen. Beide stammen aus einer unterprivilegierten und zumindest zeitweilig unterdrückten sozialen Gruppierung, mit der sie Zeit ihres Lebens in enger Verbindung bleiben. Beide richten ihre Aktionen in der Hauptsache gegen die ‚Herren' oder ihre Stellvertreter, und beide werden in gleicher Weise von jenen ‚Herren' als ‚kriminell' abqualifiziert[2].

Verfolgung

Alle Banditen, in welche Kategorie sie auch einzuordnen sind, erfahren seitens des Staates die gleiche Behandlung. Sie werden ausnahmslos als ‚Kriminelle' verfolgt; die Frage nach eventuell qualitativ[3] beachtlichen Motiven für illegales[4] Handeln wird grundsätzlich nicht gestellt.

[1] unterscheiden
[2] abwertend beurteilt
[3] der Beschaffenheit nach
[4] unrechtmäßig

Allerdings sind die Polizeibehörden bis zum Beginn des neunzehnten Jahrhunderts kaum in der Lage, das Bandenunwesen selbst wirksam zu bekämpfen. Nur eine geringe Zahl der profilierten[1] Banditen kann tatsächlich unschädlich gemacht werden. Die Reste ständischer Souveränität[2] gerade in der Gerichtsbarkeit hindern die Obrigkeit im absoluten Staat, ihre zweifellos erweiterten Machtmittel und -möglichkeiten umfassend und koordiniert einzusetzen. Es scheint also, als seien die Banden den Behörden zu dieser Zeit in organisatorischer Hinsicht gewachsen.
Zunächst kann der zutreffenden Erkenntnis, das Räubertum sei nur auf dem Umweg über die Vernichtung der Vagantenbevölkerung zu treffen, nicht konsequent genug gefolgt werden. Die verwickelten politischen Verhältnisse Deutschlands, die Vielzahl kleinster, finanzschwacher Staaten mit eigener Kriminalgerichtsbarkeit, ungenügende organisatorische und gesetzliche Hilfsmittel verhindern wirksame Maßnahmen. Hier stößt der absolute Staat an die Grenze seiner Möglichkeit, die Organisation der Gesellschaft effektiv[3] durchzuführen. Darüber hinaus werden die Behörden namentlich durch die Landbevölkerung nicht in jedem Fall unterstützt. [...] Erst die gesellschaftlichen, politischen, damit auch administrativen[4] Wandlungen nach der Französischen Revolution ändern auch in Deutschland das Bild. Auf überkommene Herrschaftsstrukturen braucht nicht mehr wie im früheren Ausmaß Rücksicht genommen zu werden. Die modernisierten deutschen Staaten können ihre Politik gegen die Gaunerbevölkerung konsequenter führen und nutzen rigoros[5] ihre erweiterte Machtfülle. Der Staat wollte auch vorher nicht dieses ständig wachsende, schmarotzende ‚Lumpenproletariat' dulden, hat jedoch erst jetzt die Möglichkeit, es durchgreifend zu bekämpfen. So verschwindet die Vagantenpopulation[6] mit fortschreiten-

[1] von ausgeprägter Art
[2] nach Ständen gegliederter Unabhängigkeit
[3] wirksam
[4] zur Verwaltung gehörend
[5] streng, unerbittlich
[6] Bevölkerungsteil der Landstreicher

dem neunzehnten Jahrhundert von den Straßen, indem ihre Angehörigen entweder in Zucht- und Arbeitshäusern umerzogen oder aber physisch vernichtet werden.
Noch vor Abschluss dieser Entwicklung zeigen sich Auswirkungen auf das Bandenwesen. Etwa ab dem Zeitraum 1820–1830 haben die staatlichen Maßnahmen auch die Randbereiche der Banden in Mitleidenschaft gezogen. Ihr Organisationsnetz ist damit entscheidend beschnitten worden, die Zerschlagung der gesellschaftlichen ‚Gegenorganisation' der Gauner und Räuber hat begonnen. Banden, die auch nur annähernd in ihrem Erscheinungsbild, in Umfang und Wirkung etwa den *Niederländern* oder *Franken* entsprachen, tauchen in der Folgezeit in Deutschland nicht mehr auf.

Aus: Carsten Küther: Räuber und Gauner in Deutschland. Das organisierte Bandenwesen im 18. und frühen 19. Jahrhundert. Göttingen: Vandenhoek und Ruprecht 1976 (= Kritische Studien zur Geschichtswissenschaft 20), S. 145–149.

Strafen

Die Todesstrafe in der Geschichte

Daniel Chodowiecki: Methoden öffentlicher Folter und Hinrichtung

a) Die Todesstrafe, ursprünglich der Blutrache verwandt, wurde zwar nach der Christianisierung des Abendlandes zurückgedrängt, erreichte aber im Mittelalter einen neuen Höhepunkt. Zahlreiche Taten, die uns heute als Lappalien[1] erscheinen, sind in diesen Zeiten mit dem Tod gesühnt worden. Diebstahl ganz geringfügiger Art, Fälschung von Münzen, Gewichten, Maßen, Gotteslästerung – alle diese Taten führten zum Galgen. In England sind noch 1810 Ladendiebstähle bei einem Objekt über fünf Schillinge mit dem Tode bestraft worden und noch 1835 wurden Entwendungen von Briefen bei der Post mit dem Tode bestraft.

Thomas Dehler im Deutschen Bundestag am 2.10.1952

b) Im Fall die Rauberey mit Grausamkeit veruebt worden, soll man den Rauber durch das Rad, und zwar wann der Ausgeraubte an der morderischen Tortur[2] gestorben, von unten auf ohne Gnaden-Stoß hinrichten.
Verruffene Wild-Schuetzen sollen auf offener Straß, wo sie am meisten grassieret[3], und das Wild geschossen haben, aufgehenckt werden.
Wer gefaehrlicher Weise entfuehret wird, ist ein malefizischer[4] Fall und wird an Leib und Leben bestrafft.

Bayerisches Kriminalgesetz 1751

c) Diese Auffassungen zogen aber in der zweiten Hälfte des 18. Jahrhunderts zunehmend eine Kritik auf sich, die auf die Humanisierung[5] der Strafrechtspflege mit Bezug auf die justizpolitischen Ideen der europäischen Aufklärung zielten.
„Man ging von der Feststellung aus, dass Handlungen, die unmittelbar aus der sinnlichen Erfahrung erfolgen, von solchen Handlungen, die aus der Reflexion erwach-

---
1 Kleinigkeiten
2 Folter
3 um sich greifen, wüten
4 verbrecherisch
5 Milderung

sen, insofern zu unterscheiden seien, als die Ersteren geradezu zwanghaft, die Letzteren hingegen aufgrund eines mehr oder weniger freien Entschlusses ausgeführt werden. Geschehe daher eine gesetzeswidrige Handlung in der Hitze der Leidenschaft, in einer heftigen Gemütsbewegung, im Zorn, im Hass, in der Furcht, in der Eifersucht, als Folge also eines sensuellen[1] Impulses, so sei deren ‚Moralität', deren Verantwortlichkeit, geringer anzusetzen als dort, wo bei kühlem Kopf geplant und kalkuliert[2] werde. Die Verantwortlichkeit des Straftäters sei dementsprechend nach dem Maße seiner Reflexionsfähigkeit, seines Vermögens zum alternativen[3] Denken im Akt der gesetzeswidrigen Handlung zu bestimmen, wobei ausdrücklich festgestellt wird, dass dieses Vermögen ein Produkt der Aufklärung sei. Nur dort also, wo eine ‚selbstthätige Bestimmung zur Wahl und Verfolgung eines bösen Endzwecks' – wir folgen hier einer Formulierung des Leipziger Philosophieprofessors E. C. Wieland – eindeutig auszumachen sei, liege eine strafbare Tat vor." [...]

Aus: Klaus Oettinger: Schillers Erzählung „Der Verbrecher aus Infamie". Ein Beitrag zur Rechtsaufklärung in der Zeit. In: Jahrbuch der Deutschen Schillergesellschaft 16 (1972), S. 268

Der Kriminalbericht

Im 18. Jahrhundert war der authentische Kriminalbericht eine der massenhaft verbreiteten Literaturgattungen. Insbesondere die großen Räuber, Gauner und Banditen der Zeit – Nickel List, Lips Tullian, Jacob Neumann, Valentin Runck und Daniel Stieff, Hannikel, der Mause-David, der Bayrische Hiesel und viele andere – wurden meist unmittelbar nach Abschluss ihrer Prozesse in dickleibigen, oft üppig mit drastischen Kupfern illustrierten Schwarten[4]

[1] die Sinne betreffend
[2] überlegen
[3] zwischen zwei Möglichkeiten die Wahl lassend
[4] dickes Buch

verewigt. Diese zahlreichen, in der Regel mit dem Gattungsetikett „Historische Relationen[1]“ titulierten Werke sind im Grunde sensationelle Strafprozessgeschichten. Folgende Gattungselemente sind konstant[2]:

- die Beschreibung des Kapitalverbrechens[3],
- der Bericht über die kriminalistischen Ermittlungen, die zur Ergreifung des Täters führen,
- das Protokoll der peinlichen Inquisition[4],
- die Urteilsakte,
- der Bericht über die Bekehrungsbemühungen der Delinquentengeistlichkeit[5],
- die Schilderung der Exekution.

Da – wie oben schon kurz angedeutet – die Frage nach der Motivation des kriminellen Handelns im Strafverfahren des 18. Jahrhunderts kaum eine Rolle spielt, sind die Angaben zur Person des Verbrechers, zu seiner Vorgeschichte, seiner Herkunft, seiner Erziehung, seinen Lebensverhältnissen, jeweils recht spärlich, sodass es nur in den seltensten Fällen gelingt, sich aufgrund des Textes auch nur in groben Zügen eine Vorstellung von der Individualität des Betreffenden zu machen. Die Tat allein – so scheint es – definiert den Täter. Der Beschreibung der kriminellen Taten gilt daher ein besonderes Augenmerk der Autoren. [...] Das Grundmotiv der Publikation aller dieser Kriminalfälle besteht aber – jedenfalls dann, wenn man die Vorredeformeln ernst nimmt – in der Hoffnung auf die abschreckende Wirkung der Berichte. Aus diesem Grunde offenbar überbieten sich die Verfasser häufig in der Schilderung grausamer Szenen im Laufe der peinlichen Inquisition und beim Strafvollzug. So werden etwa dem Leser die Qualen der Folter in allen Einzelheiten vor Augen geführt, sowohl die Hantierungen der Stockmeister, das Schrauben, Strecken, Wiegen, Schwefeln und Brennen, als auch die Reaktion der Delinquenten, ihr Jammern, Bitten und Flehen bis zum ab-

[1] Berichte, Mitteilungen
[2] unveränderlich, gleichbleibend
[3] schweres Verbrechen
[4] mit Folter (Pein) verbundene Untersuchung
[5] für den Verbrecher zuständiger Priester oder Pfarrer

schließenden Bekenntnis. Große Sorgfalt verwenden die Autoren auch auf die Schilderung des rituellen Gepränges am Hinrichtungstage: Umständlich wird beschrieben, wie der Verbrecher vorgeführt, das Urteil verlesen und der Stab gebrochen wird, wie der Blutrichter auftritt und freigesprochen wird, wie sich die Prozession ordnet und zum Galgenberg zieht, wie der Malefikant[1] unterwegs mit glühenden Zangen gerissen, auf das Schafott[2] gezerrt und angepflockt wird, wie er dabei schreit und sich sträubt, wie er endlich enthauptet, gehängt, verbrannt, gevierteilt, von oben herab oder von unten herauf gerädert wird, wie das Rad aufgerichtet, der Leichnam aufgeflochten und der Schädel aufgespießt wird.

Aus: Klaus Oettinger: Schillers Erzählung „Der Verbrecher aus Infamie". Ein Beitrag zur Rechtsaufklärung in der Zeit. In: Jahrbuch der Deutschen Schillergesellschaft 16 (1972), S. 270 ff.

---

[1] Missetäter, Übeltäter
[2] erhöhte Stätte für Hinrichtungen

Zur Sozialgeschichte des Lesens

Eine Leserunde am Weimarer Hof. Abendkreis der Herzogin Anna Amalia. Stahlstich von G. M. Kraus. Schiller Nationalmuseum/Deutsches Literaturarchiv, Marbach

Starke Unterschiede in der Lesefertigkeit waren im hohen Maße durch die soziale und wirtschaftliche Struktur bestimmt. In der Ackerbürgerstadt Bochum war nach der Schätzung eines Bochumer Richters 1763 kaum ein Zehntel der Erwachsenen im Lesen und Schreiben „tüchtig". In Solingen konnte am Ende des 18. Jahrhunderts von den Handwerksmeistern behauptet werden, dass kaum sechs Prozent des Lesens und Schreibens unkundig und viele sehr gute Rechner waren. In Schaffhausen waren nach 1770 ein Prozent der Bevölkerung und zehn Prozent der Bürger Mitglieder einer Lesegesellschaft[1]. In Mainz waren 1788 300 oder höchstens 452 Menschen Mitglieder einer Lesegesellschaft. Da Mainz etwa 22000 Einwohner hatte, kam auf etwa 50 bis 70 Einwohner ein Mitglied einer Lesegesellschaft. Die Lesegesellschaft in Trier hatte in der Zeit zwischen 1783 und 1793 83 Mitglieder, während innerhalb der Stadtmauern von Trier 1792 8422 Menschen wohnten. Etwa 1 Prozent der Einwohner gehörte also der Lesegesellschaft an. Von den Mitgliedern der Lesegesellschaft entliehen aber nur höchstens zwei Drittel Bücher; und weniger als ein Zehntel der Mitglieder entliehen etwa die Hälfte der insgesamt entliehenen Bücher. In der Kleinstadt Wunstorf konnte man 1794 von 1600 Einwohnern etwa 30 Köpfe, mit ihren Familien ungefähr 50 bis 60 (2 bis 3,5 Prozent) zur Bildungsschicht rechnen, die sich für das Angebot der Lesegesellschaften interessierte. In Göttingen, das 1794 7700 Einwohner hatte, wollte der Historiker Spittler 1793 eine Lesegesellschaft eröffnen, zu der über hundert Menschen abonnierten. Schätzen wir, dass auf diese Weise ein Publikum von bis zu mehr als 400 Menschen gebildet wurde, so wurde gut ein Zwanzigstel der städtischen Bevölkerung angesprochen. Die Lesegesellschaft wurde daraufhin alsbald „als ein dem Staat gefährliches Institut" untersagt.

---

[1] Zusammenkunft interessierter Leser verschiedener sozialer Herkunft zum Zwecke des Gedankenaustauschs über literarische Werke. Lesegesellschaften bildeten im 18. Jahrhundert eine Art „Selbsthilfeorganisation Erwachsener", die sich bilden und fortbilden wollten.

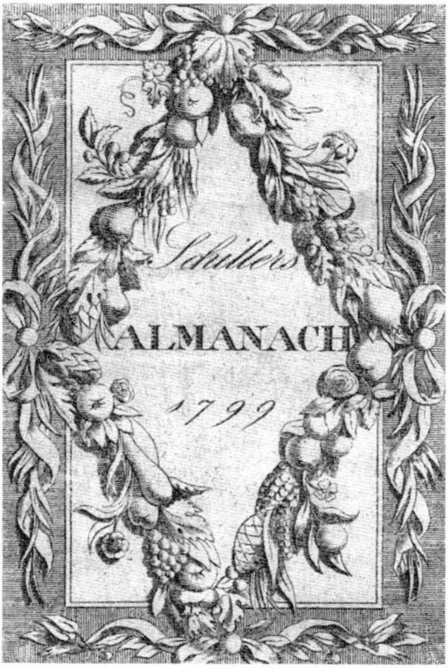

Musenalmanach. Vordere Einbanddecke von Schillers Almanach, 1799. Schiller Nationalmuseum/Deutsches Literaturarchiv, Marbach

1796 stellte Friedrich Schiller fest, dass sein Almanach[1] in Jena unter 12000 Einwohnern 108 Käufer gefunden habe. Da er dort außerdem 12 Exemplare verschenkte, kam auf 100 Personen ein Exemplar. Man kann annehmen, dass mehr als ein Zehntel der Einwohner, vor allem am Hof und an der Universität den Almanach kennenlernten. Übrigens wurde Schillers Almanach, der eine Auflage von mindestens 2000 Exemplaren hatte, zu einem Drittel allein in Thüringen, in Brandenburg und in Hamburg und Umgebung abgesetzt. Ebenso wie die moralischen Wochenschriften und wie Jean Pauls Romane, die im Norden und Osten Deutschlands viel mehr Kunden als im Westen und Süden hatten, hatten auch Goethe und Schiller ihr Publikum zunächst nur in einem Teil des deutschen

[1] Kalender, (bebildertes) Jahrbuch; hier: Musenalmanach, eine Gedichtsammlung. Die Musenalmanache waren im letzten Drittel des 18. Jahrhunderts die beliebteste Form der Veröffentlichung von Lyrik; am bedeutendsten: Schillers Musenalmanach (1796–1800).

Sprachraums. Sie fanden ihre Leser zuerst vor allem in Nord-, Mittel- und im protestantischen Südwestdeutschland.
Die Zunahme der Lektüre blieb am Ende des 18. Jahrhunderts einerseits auf bestimmte Orte und Gegenden, andererseits auf bestimmte Schichten beschränkt. Über die Stadt Preußisch-Friedland in Pomerellen berichtet Klöden, dass sie 1794 literarisch „eine wahre Wüste" und „vom Mittelalter sehr wenig entfernt in der Barbarei" war. Die Vergrößerung des Lesepublikums war kein allgemeiner, sondern blieb ein partieller[1] Prozess, wenn er auch neue Schichten, darunter Teile der Unterschichten, z.B. Dienstboten und Bauern, teilweise erfasste. Den größten Teil des Lesepublikums machte aber – so teilte es Georg Westphal 1780 in der Vorrede zu seinem Roman *Wilhelm Edelwald* mit – der Mittelstand aus. Die Schulreformen, das Programm der Aufklärung, die Ausbreitung der Publizistik[2] waren zwar für eine Allgemeinheit konzipiert und zielten darauf ab, in die Breite zu wirken. Sie hatten aber nur den Erfolg, dass sich von der Masse der Analphabeten[3] und Nichtleser an bestimmten Orten, in bestimmten Schichten und zu bestimmten Zeiten Minderheiten lösten, um sich an die gebildeten und lesenden Schichten anzuschließen. So kam es in der Hauptsache nur dazu, dass sich von der mittelständischen bürgerlichen Masse eine neue Bildungsschicht abhob. Bezogen auf die Gesamtheit derer, die vorübergehend interessiert wurden, war sie eine Minderheit.

Aus: Rolf Engelsing: Analphabetentum und Lektüre. Zur Sozialgeschichte des Lesens in Deutschland zwischen feudalistischer und industrieller Zeit. Stuttgart: Metzler 1973, S. 63f.

[1] teilweise vorhanden
[2] der öffentliche und aktuelle Austausch von Wissen unter Menschen, im 18./19. Jahrhundert vermittelt durch die Presse
[3] des Lesens und Schreibens Unkundige

Erste Reaktionen der Leserschaft[1]

a) Verbrecher aus Infamie, eine wahre Geschichte – eigentlich die Geschichte eines vor einigen Jahren im Reiche sehr berüchtigten Räubers, des sogenannten Sonnewirths – ein vortrefflicher Aufsatz nicht nur in psychologischer, sondern auch in ästhetischer[2] Rücksicht.

Rezension der *Thalia*. 2. Heft (1786). In: *Nürnbergische gelehrte Zeitung*. Nürnberg 1786. 4. April

b) Thalia also unterhält uns mit folgenden Aufsätzen: [...] 3. Verbrecher aus Infamie, eine wahre Geschichte. Für die, die sie angeht, eine gute Lektion.

Rezension der *Thalia*. 2. Heft (1786). In: *Gothaische gelehrte Zeitungen*. Gotha 1786. 12. April

c) Von prosaischen Aufsätzen findet sich im zweiten Heft ein Aufsatz „über moderne Größen", der kein Kompliment[3] für unser Zeitalter ist. – Die Verbrechen und Infamien. – Eine wahre Geschichte. Merkwürdig[4] genug; wäre sie nur mit mehr historischer Simplizität[5] erzählt.

Rezension der Thalia. 2. und 3. Heft, in: *Hallische Neue Gelehrte Zeitungen*. Halle 1786. 17. August

d) Verbrechen aus Infamie. Eine angeblich wahre Geschichte, die aber auch alle Spuren der Wahrheit an sich trägt und nicht minder interessant und unterrichtend

[1] Die folgenden Texte stammen aus: Schiller und Goethe im Urtheile ihrer Zeitgenossen. Zeitungskritiken, Berichte und Notizen Schiller und Goethe und deren Werke betreffend, aus den Jahren 1773 – 1812, gesammelt und herausgegeben von Julius W. Braun. Erste Abteilung: Schiller, Erster Band. Leipzig: Bernhard Schlicke (Balthasar Elischer) 1882, S. 139 (a), 140 (b), 141 (c), 168 (d), 258 (e), 379 (f).

[2] künstlerisch

[3] Schmeichelei

[4] hier und sonst in dieser Zeit: was würdig ist, bemerkt zu werden, also: bemerkenswert, bedeutend

[5] Einfachheit

als im Ganzen gut erzählt ist. Sie gehört zu den schätzbaren Beiträgen zur Charakteristik des menschlichen Herzens.

Rezension der *Thalia*. Hefte 1–3. In: *Neue Bibliothek der schönen Wissenschaften und der freyen Künste*. 32. Band. 1. Stück (1786)

e) Verbrecher aus Infamie, eine wahre Geschichte, sehr merkwürdig, und vortrefflich dargestellt.

Rezension der Thalia. Heft 1–7. In: *Göttingische Anzeigen von gelehrten Sachen*. Göttingen 1789. 10. Oktober

f) Verbrechen aus verlorener Ehre. Eine wahre Geschichte aus der Thalia. Mit jedem neuen Zuge, mit jeder neuen Handlung wächst das Interesse an dieser Geschichte durch die geschickte schillersche Darstellung. Nur schade, dass dieselbe nicht bis ans Ende des Unglücklichen fortgeführt wird.

Rezension der *Kleineren prosaischen Schriften* Schillers. In: *Oberdeutsche, allgemeine Literaturzeitung*. Salzburg 1793, 15. Februar

3. Der Stoff und seine Geschichte

Der historische Fall

Schillers Text beruht auf historischen Vorfällen: Der Gastwirtssohn Johann Friedrich Schwan aus dem schwäbischen Ebersbach, genannt der Sonnenwirt [...], von der Mutter verzogen, später von der Stiefmutter unterdrückt, kommt 1746 nach einem Diebstahl an seinem Vater im Alter von 17 Jahren erstmals ins Gefängnis. Nach seiner Entlassung knüpft er eine Liebesbeziehung mit der Bürgerstochter Christine Müller an und wird für sie und das gemeinsame Kind zum Räuber, als Vater und Kirche die Eheerlaubnis verweigern. Immer wieder kann Schwan entkommen, der sich 1757 einer Räuberbande anschließt, bei der er die Bekanntschaft mit der „schwarzen Christine" macht. Kurze Zeit darauf erschießt Schwan seinen ärgsten Verfolger Hohenecker aus dem Hinterhalt. Er gerät in Gefangenschaft und wird, nachdem er ein umfangreiches Geständnis abgelegt hat, 1760 zum Tode verurteilt.

Aus: Gerhard Köpf: Friedrich Schiller: Der Verbrecher aus verlorener Ehre. Überlegungen zu einer kommunikationsorientierten Erzähltext-Analyse. In: Blätter für den Deutschlehrer. September 1978. Heft 3, S. 64

Jakob Friedrich Abel: Lebens-Geschichte Fridrich Schwans

Fridrich Schwan, geboren im Jahr 1729 zu Ebersbach, einem Württembergischen Dorfe, ward durch seine Räubereien und Mordtaten, ebenso wie durch die außerordentliche Kühnheit und Geschicklichkeit, mit welcher er sie beging, so berühmt, dass er lange der Gegenstand des allgemeinen Schreckens gewesen und dass noch jetzt in mehreren Gegenden Württembergs sein Name (Sonnenwirt nannte man ihn nach seinem Vater, der Sonnenwirt in Ebersbach war), der allgemeine Name eines Räubers und Mörders ist.

Aus dem Munde dieses Bösewichts, den ich ein halb Jahr lang beinahe alle Tage sah, und aus der Erzählung mehrerer verständiger Männer, denen er am Ende seines Lebens alle seine Verbrechen aufs Offenherzigste eingestanden, hörte ich oft die Geschichte seiner Laster und seines Unglücks, und sie schienen mir merkwürdig genug sie in einer ausführlichen Erzählung darzustellen.

Kindheit und Knabenalter

Schwan war von der Natur mit außerordentlichen Anlagen des Geistes ausgerüstet; voll Verstand, Witz, Einbildungskraft und Gedächtnis, voll Tätigkeit und Feuer, Entschlossenheit und Kühnheit, trug er den Keim jeder großen Tugend und jedes großen Lasters in sich, und es hing nur von der äußerlichen Lage ab, ob er Brutus[1] oder Catilina[2] werden sollte.

Alles schien sich erst zu vereinigen, um seine glückliche Anlagen zu begünstigen. Seine Eltern, die ihn sehr liebten, versäumten nichts von dem, was man gewöhnlich Erziehung nennt, d. i. sie nahmen ihn öfters in die Kirche mit sich, schickten ihn fleißig in die Schule und lehrten ihn durch Hülfe eines sehr eifrigen Schulmeisters Lesen, Schreiben, den Katechismus und eine Menge von Gesängen und biblischen Sprüchen. Auch machte der junge Schwan in der Tat große Fortschritte. Nur wenige von allen Knaben des Dorfes lasen und schrieben so fertig, wenige lernten so viele Gesänge und Sprüche und noch in seinem Gefängnisse, nach mehr als 15 in der höchsten Rohheit und Ausschweifung durchlebten Jahren, sagte er eine Menge derselben zum freudigen Erstaunen der ihn zum Tod bereitenden Geistlichen und in der Tat zu seinem eigenen großen Vorteile auswendig her.

Aber bei all dieser scheinbaren Fortbildung ward seine Seele doch in der Tat jeden Tag verschlimmert, zum si-

[1] Lucius Iunius Brutus, der angebliche Gründer der römischen Republik, mit dem die Reihe der römischen Konsuln beginnt.

[2] Lucius Sergius Catilina (um 108–62 v. Chr.), der Kopf der nach ihm benannten Verschwörung; es gelang aber dem Konsul Cicero im Herbst 63, die Umsturzpläne aufzudecken und Catilina zum Verlassen Roms zu nötigen.

chern Erweis, dass jene Mittel bei weitem noch nicht hinreichen, den großen Zweck, Erziehung der Kinder-Seele, zu erreichen.

Ich versuche, den Gründen dieser Verschlimmerung so tief als möglich nachzuspüren.

Kinder suchen, wie alle Menschen, nichts als Vergnügen, und zwar (denn welches andern ist das noch ganz gedankenleere Kind sonst fähig?) nichts als sinnliches Vergnügen; Essen, Trinken und Schlafen, nebst körperlicher Tätigkeit, Springen, Spielen, Schlagen, Stoßen, dies sind die einzigen Gegenstände ihrer Wünsche und ihrer Beschäftigung. Auch greifen sie nach allem, was ihnen wohlgefällt, und stoßen mit Abscheu zurück, was ihnen missfällt: Denn was sollte sie, die noch nicht über die Folgen nachdenken, zurückhalten? Diese ersten Äußerungen unsers Willens sind (welches man schon aus ihrer Notwendigkeit und Allgemeinheit schließen muss) im Anfang unsers Daseins ohne Zweifel sehr vorteilhaft zur Erhaltung des Lebens und zur allerersten Entwicklung der noch gänzlich ungebildeten Seele, und wir verzeihen sie daher gerne den Kindern und Wilden. Aber wird jene Begier immer vermehrt, und nicht vielmehr mit der Zeit von dem sinnlichen ab, auch auf entferntere und edlere Gegenstände hin gerichtet, lernen wir nicht einem geringern Vergnügen entsagen, um kein höheres zu verlieren, oder keine höheren Pflichten zu verlegen: So werden diese ursprünglich unschuldigen und nützlichen Äußerungen bald für uns und andere verderblich; so werden wir nicht bloß Toren, die, um das nächste, beste Vergnügen nicht zu versäumen, sich viel größeren Schmerzes aussetzen, sondern auch Bösewichter, die um ihre eigene Leidenschaften zu befriedigen, alle anderen Menschen aufopfern und ihnen Geld, Ehre, Leben – alles rauben.

Schwan war in diesen ersten Äußerungen nicht verschieden von allen andern Kindern, außer, dass er wegen seines angebornen Feuers alles mit ungewöhnlicher Leidenschaft anfasste. Aber er hatte das Unglück, dass der Witz, die Artigkeit, der Anstand, mit welchem er alles tat, den Beifall aller Menschen erwarb und dass besonders eine nachsichtsvolle Mutter seinen Fehlern lange gänzlich nachsah und sie sogar vor seinem Vater verbarg; wodurch dann seine schon durch Temperament so heftige Leidenschaft immer noch heftiger und ausgelassener und die Verlegung derselben ihm so unerträglich wurde, dass er sie ohne Rücksicht auf irgendetwas – auch auf Unkosten aller Menschen – zu befriedigen suchte. Auf diese Art wurden jene Kinderspiele allmählich zu boshaften Bubenstücken. Er war kaum 3 Jahre alt, so jagte er den Nachbarn zum Scherz die Hühner fort, schlug ihnen aus guter Laune die Gänse tot, oder hetzte die Hunde an ihre Kinder und Weiber, um sich an ihrem Geheul und ihrer komischen Stellung zu ergötzen.

Ein Umstand pflanzte bald noch schlimmere Neigungen in seine Seele; mit jedem Tag umgestümer in seinen Leidenschaften und so lange gewohnt, jede, auch die schlimmste Neigung ungestraft und ungehindert befriedigen zu können, ward er über jede verweigerte Bitte oder Bestrafung seines Vaters wütend, und mit Neigung zur Ausschweifung und Ausgelassenheit, mit Tollkühnheit und Stolz, welche die lange Nachsicht und die so lange glückliche Befriedigung seiner ungezäumtesten Wünsche hervorgebracht hatte, verband sich jetzt Zorn und Wut gegen jeden, der ihm im Weg stand, und insbesondere Abscheu gegen seinen Vater, der ihn nun umso heftiger zu bestrafen suchte, je mehr ihm bisher nachgesehen worden. Selbst schon die Bestimmung zu einem Fleischer, dem Geheul, Seufzen und Tod der Tiere gewöhnliche Gegenstände werden, und der Aufenthalt in der Schenke, wo er so häufig Beispiele der Rohheit und Ausgelassenheit zu sehen Gelegenheit hatte, mussten bei einem solchen Temperament viel zur Verstärkung roher Gesinnungen beitragen. Kurz, er war noch nicht aus dem Knaben-Alter getreten, als er schon nicht nur der ausgelassenste, sondern auch der stolzeste, rachsüchtigste und während der Rachsucht grausamste Bube war.

Noch werden in seinem Geburtsorte eine Menge von Beispielen erzählt, die diese frühe Verderbnis seiner Seele erweisen; ich begnüge mich ein einziges anzuführen.

Der Knecht seines Vaters unterstand sich, schlauer sein zu wollen als der Sohn; diese Kühnheit konnte der stolze Bube nicht ungerächt lassen; er stand mit größter Be-

schwerlichkeit jedes Mal in der Mitternacht auf, beraubte die Güterwagen, die unter seines Vaters Hause standen und die der Knecht gegen Diebe schützen sollte, und brachte den Raub seinem Vater, der sodenn nicht unterließ, die Dummheit und Nachlässigkeit des Hausknechts zu bestrafen.
Aber noch war nicht jeder Same des Guten erstickt; seine Tätigkeit und Herzhaftigkeit, sein Witz, seine Verschlagenheit und Kenntnisse nahmen täglich zu, sein Herz schien in eben dem Grad fühlbarer für seine Freunde zu werden, in dem es an Wut gegen seine Feinde wuchs, und sogar die Religion hatte nicht allen Eindruck auf seine von Natur aus gefühlvolle Seele verloren; kurz, der boshafte Junge war zugleich geschickt, verschlagen, lebhaft, herzhaft, und außer den Augenblicken der Rachsucht und des Zorns mitleidig, gutherzig und freigebig.

Jünglings-Alter

Das Knaben-Alter legt zwar meistens den Grund, aber selten entscheidet es den Charakter. Der heftige Schwung, zu welchem die Leidenschaften des Jünglings emporgehoben werden, neue Neigungen und neue Situationen – alles vereiniget sich, diesem Alter noch einen sehr wichtigen Einfluss auf die Bestimmung unsers Charakters und unsers Lebens zu geben.
Insbesondere äußert die neue Leidenschaft, die in diesen Jahren zum ersten Male erwacht, den mächtigsten Einfluss. Man ist aus gewissen Romanen geneigt, die Liebe als Triebfeder verfeinerter und edler Gesinnungen anzusehen, und in der Tat kann und soll sie auch den Absichten der Natur gemäß als Mittel der erhabensten Tugend wirken. Aber ganz gewiss zerstört sie bei unserer jetzigen Erziehung und Gesetzgebung Tugend und seine Gesinnungen viel häufiger und wird bei einer sehr großen Anzahl von Menschen die Epoche ihrer Laster und ihres Unglücks.
Man musste daher mit Gewissheit erwarten, dass Schwan an dieser Klippe scheitern würde, wenn er nicht mit größter Vorsicht geleitet und hinübergeführt würde, und, ach, niemand verstand, ihn zu führen. Zwar schien er durch den

Schulmeister, in dessen Hause er ein Jahr zubringen musste, gebessert zu sein, auch machte der Tod seiner ihn so sehr liebenden Mutter und die Heirat seines Vaters mit einer andern Frau wirklich einen Eindruck auf ihn, aber diese Veränderung war nichts weniger als dauerhaft. Der feurige Knabe war kaum in die Jünglings-Jahre getreten, als sich die Wollust, eine seinen rohen Gesinnungen und seinem Temperament so angemessene Leidenschaft, schon seiner ganzen Seele bemeistert hatte, und von diesem Augenblick an nahm seine Verschlimmerung mit jedem Tage zu. Zur Befriedigung der Wollust fehlte es ihm an Geld, und sein Vater weigerte sich, ihm etwas zu geben; sogleich ward seine Wollust gerade durch das, was sie zurückschrecken sollte, noch viel heftiger, Zorn und Wut gegen seinen Vater, seine Mutter und alle Menschen verband sich mit ihr, und er ergriff nun die verabscheuungswürdigsten Mittel, die einzige Leidenschaft, die jetzt seine wilde Seele erfüllte, zu befriedigen. Indessen konnte (zur Freude jedes Menschenfreundes schreibe ich diese Beobachtung nieder) auch in einer schon so verdorbenen Seele ein neues Laster doch nur langsam und allmählich sich einwurzeln; zuerst versuchte er daher alle möglichen Wege, seine Bedürfnisse ohne Verbrechen zu befriedigen – umsonst; seine Bedürfnisse und seine Verschwendungen überwogen zu sehr seine Einkünfte: Und nun erst – nach manchen misslungenen Versuchen – tat er den ersten furchtbaren Schritt und ward Wilddieb.

Er wird Dieb

Das Verbot, wilde Tiere zu schießen, wenngleich durch wichtige Gründe gerechtfertigt, hat doch öfters für die niedere Klasse des Volks, die dadurch in einer Lieblings-Neigung eingeschränkt wird, etwas so Anstößiges, und die nach Verhältnis des Verbrechens so fürchterlichen Strafen, welche auf seine Übertretung gesetzt sind, halten diese Gesinnung so wenig zurück, dass kühne und unternehmende Jünglinge öfters sogar eine Ehre darin finden, das verhasste Verbot mit Füßen zu treten und sich, indem sie sich gegen die Gesetze des Staates versündigen, als Beschützer ihrer

Mitbürger, als großmütige Verteidiger der Rechte der Menschheit ansehen. Es ist also gar leicht begreiflich, dass ein so unternehmender, kühner und boshafter Junge sich wenig scheute, dieses unrechtmäßigen Mittels sich zu bedienen und dass er nun das Wildern zu seiner ordentlichen Beschäftigung und Lebens-Art wählte.

Aus: Jakob Friedrich Abel: Sammlung und Erklärung merkwürdiger Erscheinungen aus dem menschlichen Leben. Frankfurt und Leipzig 1784. Zweiter Teil 1787, S. 1–13

Christian August Vulpius: Rinaldo Rinaldini, der Räuberhauptmann. Eine romantische Geschichte unseres Jahrhunderts, in 3 Teilen oder 9 Büchern

Christian August Vulpius' (1762–1827) Roman war ein Bestseller; er erschien erstmals 1798; Fortsetzungen, Neuauflagen und viele Nachahmungen folgten. Die Begeisterung der Leser und Leserinnen war so groß, dass Vulpius die Nachricht vom Tode des Helden in der Fortsetzung des Romans zurücknahm, Rinaldos Tod als Scheintod entlarvte und den Helden weitere Abenteuer bestehen ließ.
„Vulpius lässt seinen Helden keine charakterliche Entwicklung durchmachen, sondern führt ihn von Episode zu Episode, von Abenteuer zu Abenteuer, ohne dass Rinaldo mehr ist als ein gewiefter Tunichtgut, der in Armut aufwuchs, von daher auf Abwege geriet, der, mit Schandtaten besudelt, dem Räuberstand nicht mehr entkommen kann, auch wenn er längst zur Einsicht in die Verwerflichkeit seiner Handlungen gelangt ist."

Aus: Friedrich Schiller: Die Räuber. Ein Schauspiel und andere Räubergeschichten. Hrsg. von Johannes Diekhans. Erarbeitet von Barbara Schubert-Felmy. Paderborn: Schöningh 1999, S. 147

Der folgende Ausschnitt stammt aus der Fortsetzung des Romans.

Die Reiter schwenkten sich und ritten davon. Rinaldo wendete sich zu den Räubern und fragte: „Seid ihr nun mit mir zufrieden?"

„Aber“, – fragte Sanardo, – „Rinaldini bist du nicht?“ „Der bin ich.“
Mit *einem* Tempo streckten alle drei die Gewehre, küssten ihm die Hand und Sanardo sagte:
„Wir bitten dich, unser Hauptmann zu sein!“
„Das will ich“, – antwortete Rinaldo. – „Euer Hauptmann will ich sein. Zu meinem alten Handwerke will ich wieder greifen und enden will ich, wie ich enden muss. Es waltet über dem Menschen ein unbeugsames Schicksal. Bestimmt ist ihm sein Los. Sein bestes Spiel spielt er verzagt, und mutig wagt er, um zu verlieren. – Fahrt hin, ihr schönen Träume meines Lebens! Ein anderer hege euch in froher Brust. Mein Schicksal will es anders. – Es sei! Ich will nicht länger widerstreben. – Voran! Ich folge euch.“
Jordano und Filippo sprangen hoch auf, als sie ihren Hauptmann erblickten. Sie küssten ihm die Hände und weinten Tränen darauf. – Die andern standen mit entblößten Köpfen um ihn herum und nahten sich ihm nur auf seine Winke. Er ließ sie alle versammeln, und als sie um ihn herum standen, sprach er: „Ich nehme euch hiermit alle zu Kameraden an und ihr schwört mir, als euerm Hauptmann, Treue, Folgsamkeit und Gehorsam meinen Gesetzen, die ihr von mir erhalten werdet. Sie werden euch bekannt gemacht. Ihr habt sie zu befolgen. Wer dieselben einmal beschworen hat, muss nach denselben leben, denn jede bestimmte Strafe wird unbedingt vollzogen. – Seid ihr damit zufrieden?“
Ein allgemeines lautes: Ja! erscholl. – Rinaldo sprach weiter:
„Wer mit mir leben will, muss mit mir fechten, muss mit mir sterben können. Doch wie könnte einer, der alles zu wagen hat, zaghaft sein? Die Notwendigkeit selbst muss ihm Mut geben. Lieber das Leben als den Körper verloren! Was ihr zu erwarten habt, wenn man euch lebendig fängt, wisst ihr, und jedes Hochgericht legt euch die Vermahnung deutlicher ans Herz, als es der beredteste Mund tun könnte: Lasst euch nicht fangen. – Furchtbar müssen wir uns machen und man fürchtet uns. Dies ist leicht möglich. – Ihr alle wisst oder könnt es leicht erfahren, wie schwach die Garnisonen und regulären Truppen dieser Insel sind.

Kaum reichen sie hin, die Städte Cagliari, Sassari und die Wachttürme an den Küsten gehörig zu besetzen. Was aber die Landmiliz betrifft, so ist es ja bekannt, dass sie nicht sonderlich zu fürchten ist. Die Sarden stehen auch nicht wegen ihrer Herzhaftigkeit in großem Rufe. – Ich habe mit den Meinigen in geschlossenen Gliedern gegen Truppen der Florentiner und Römer, die Neapolitaner und gegen ihre Milizen gefochten. Nie aber hat ihre Übermacht mich und meine Leute zaghaft machen können. – Ein stärkeres Korps als jetzt müssen wir werden. Dafür lasst uns sorgen. Doch ist es nicht eine größere Anzahl, von der ich alles hoffe. Wenige, wenn sie herzhaft zu stehen und zu fechten wissen, sind mir lieber als Hunderte, die keinen Mut haben, die nur rauben, aber sich nicht wehren können. Im Gebrauche der Waffen werdet ihr geübt und unerfahren führe ich euch nicht ins Gefecht. Aber nur dann fechten wir, wenn es nötig ist. – Ohne Angriff falle kein Schuss. Genug, dass wohlhabende Reisende beraubt werden, ihr Leben ist kein Gewinn für uns. Die Armut empfehle ich euch; das Wenige, was sie hat, behalte sie. Der Arme ist ohnehin unglücklich. Er ist auch dankbar; und oft dankt ihr wohl eure Rettung einem armen Teufel, der sein Stückchen Brot mit euch teilt, statt dass ihr ihn zum Verzweifelten machen würdet, wolltet ihr ihm nehmen, was er euch nicht freiwillig geben will. Auch empfehle ich euch Schonung gegen Weiber, Kinder und Greise. Ihre Schwachheit kann uns nicht reizen, ihnen unsren Mut zu zeigen. Als Männer lasst uns allenthalben auftreten und gebt eurem Handwerk so viel Edles, als es ihm zu geben möglich ist. – Das ist es, was ich euch rate, was ich von euch verlange. Wollt ihr es erfüllen?"

„Wir wollen!" – schrien alle.

Aus: Christian August Vulpius: Rinaldo Rinaldini der Räuberhauptmann. Mit Illustrationen. Hrsg. und mit einem Nachwort versehen v. Karl Riha. Frankfurt: Insel Verlag 1980

Aufriss der Stoffgeschichte

Über Schiller und Abel hinaus sind die *Bearbeitungen des Sonnenwirt-Stoffes* zahlreich. G. I. Wenzel hielt sich mit seinem *Verbrechen aus Infamie* (1788) eng an Schillers erste Fassung, arbeitete aber das Rivalitätsverhältnis Robert – Wolf stärker heraus. Der Konflikt wird somit personalisiert. In einer anonymen Fassung des *Sonnenwirts* (1794) erfährt Wolf zu spät, dass er das verlorengegangene Kind einer adeligen Familie ist. Eine Dramatisierung durch W. Cramer (*Der Sonnenwirt*, 1854) endet mit einem Happy End in Form der Auswanderung Schwans mit seiner Christine nach Amerika. Hier geht ein politisches Faktum der Zeit in die Stoffbehandlung ein.
Die auf eine Korrektur Schillers zielende, Aktenmaterial und mythisierte[1] Überlieferung klitternde[2], reißerisch aufgemachte Erzählung von H. E. Linck (1850) weist dem Stoff endgültig den Weg in die Kolportageliteratur[3]. Die moritatenhafte[4] Wiedergabe von W. F. Wüst *Der Sonnenwirthle oder Leben und Taten des berüchtigten Räubers und Mörders Johann Friedrich Schwan von Ebersbach* (1854) ist ein ebenfalls sprechendes Beispiel für diesen Trivialisierungsprozess[5].
Die bekannteste Bearbeitung erfuhr der Stoff im 19. Jahrhundert durch Hermann Kurz' viel gelesenen Roman *Der Sonnenwirt* (1854). Schon inhaltlich sind die Unterschiede zu Schiller deutlich: Friedrich Schwan kommt als herrschsüchtiger Sohn des Ebersbacher Sonnenwirts wegen eines geringfügigen Vergehens vierzehnjährig ins Zuchthaus. Die Rückkehr in die bürgerliche Welt wird ihm ebenso verweigert wie die Heirat mit dem Armeleutekind Christine, die ein Kind erwartet. In Trotz und Auflehnung wird Schwan

[1] geheimnisvoll, sagenhaft dargestellt
[2] abwertend: zerstückeln
[3] billige, wertlose Unterhaltungsliteratur
[4] Adjektiv zu „Moritat“: (zu einer Bildertafel) vorgetragenes Lied über ein schreckliches oder rührendes Ereignis
[5] Entwicklung zu abgedroschener, oberflächlich unterhaltender Darstellung

rückfällig und zu lebenslanger Festung verurteilt. Nach sechs Jahren gelingt ihm die Flucht. Er kehrt zur geächteten Christine und seinen Kindern zurück. Schwan wird beim Versuch, seine Familie aus Ebersbach zu holen, verraten und erneut gefangengesetzt. Er entkommt und schließt sich Zigeunern an. Christine verlässt ihn. Durch den Mord an seinem Todfeind bekennt er sich bewusst zum Verbrechen. Als ihn die Reue packt, stellt er sich und tritt bußfertig den Gang zur Hinrichtung an. [...] Das Verbrechertum wird – wie bei Schiller – aus dem Versagen der Gesellschaft am Individuum erklärt. Dabei nützt Kurz die historische Distanz zum Geschehen für Verweise auf eine verbesserungswürdige Gegenwart. Daneben erhalten die Quellen die Priorität[1] gegenüber der dichterischen Fiktion. Die literarische Interpretation der Quellen soll einer komplexen, kontextbezogenen[2] Wahrheitsfindung dienen. Dabei beruht die historische Authentizität[3] auf einem Geschichtsverständnis, das den gesellschaftsbezogenen Aspekt von Geschichte und Geschichtlichkeit deutlich betont. Nicht „Staatsaktionen“ interessieren den Autor Kurz, sondern der unmittelbare, verderbende Einfluss gesellschaftlicher Machtformationen auf „das Leben“. Im Ausklammern der „großen Geschichte“ steht ein unbedeutender Durchschnittsmensch an einem unbedeutenden Ort im Zentrum des Geschehens. Die Analyse solch eines Mikrokosmos versteht sich als Gleichnis für das Bild einer inhumanen Gesellschaft.

Motiv, Titel wie Erzähltechnik von Heinrich Bölls *Die verlorene Ehre der Katharina Blum* weisen auffallende Ähnlichkeit mit Schillers Erzählung auf. Wie Christian Wolf, so begeht auch Katharina Blum einen Mord aus verlorener Ehre. Für sie gilt wie für Wolf dessen Ausspruch: „Die Zeitrechnung meiner Verbrechen fängt mit dem Urteilsspruch an, der mich auf immer um meine Ehre brachte“ [...]. Grundlegend unterscheiden sich jedoch beide Texte in der Beur-

---

[1] Vorrang
[2] den (historisch-gesellschaftlichen) Hintergrund berücksichtigenden
[3] Echtheit, Glaubwürdigkeit

teilung der Verhaltensweisen der Erzählfiguren durch den Erzähler sowie den gesellschaftspolitischen Kontext, der für den Verlust der Ehre verantwortlich zu machen ist.

Aus: Köpf, Gerhard: Friedrich Schiller: Der Verbrecher aus verlorener Ehre. Überlegungen zu einer kommunikationsorientierten Erzähltext-Analyse. In: Blätter für den Deutschlehrer. September 1978. Heft 3. S. 65–67.

Bearbeitung des Sonnenwirt-Stoffes (Übersicht)

anonym (F. Schiller): „Verbrechen aus Infamie“, 1786

▼

J. F. Abel: „Lebens-Geschichte Fridrich Schwans“, 1787

▼

G. I. Wenzel: „Verbrechen aus Infamie“, 1788

▼

F. Schiller: „Der Verbrecher aus verlorener Ehre“, 1792

▼

anonym: „Der Sonnen-Wirth“, 1794

▼

H. E. Linck: „Der Sonnenwirth“, 1850

▼

W. Cramer: „Der Sonnenwirt“, 1854

▼

W. F. Würst: „Der Sonnenwirthle“, 1854

▼

H. Kurz: „Der Sonnenwirt“, 1854

▼

(H. Böll: „Die verlorene Ehre der Katharina Blum“, 1974)

4. Kriminelle in Schillers Frühwerken

Die Ballade „Die Kindsmörderin“

Die Kindsmörderin

Horch – die Glocken weinen dumpf zusammen,
Und der Zeiger hat vollbracht den Lauf,
Nun, so sei's denn! – Nun, in Gottes Namen!
Grabgefährten, brecht zum Richtplatz auf.
Nimm, o Welt, die letzten Abschiedsküsse,
Diese Tränen nimm, o Welt, noch hin.
Deine Gifte – o sie schmeckten süße! –
Wir sind quitt, du Herzvergifterin.

Fahret wohl, ihr Freuden dieser Sonne,
Gegen schwarzen Moder umgetauscht!
Fahre wohl, du Rosenzeit voll Wonne,
Die so oft das Mädchen lustberauscht!
Fahret wohl, ihr goldgewebten Träume,
Paradieseskinder-Fantasien! –
Weh! Sie starben schon im Morgenkeime,
Ewig nimmer an das Licht zu blühn.

Schön geschmückt mit rosenroten Schleifen
Deckte mich der Unschuld Schwanenkleid,
In der blonden Locken loses Schweifen
Waren junge Rosen eingestreut: –
Wehe! – Die Geopferte der Hölle
Schmückt noch itzt das weißlichte Gewand,
Aber ach! – Der Rosenschleifen Stelle
Nahm ein schwarzes Totenband.

Weinet um mich, die ihr nie gefallen,
Denen noch der Unschuld Lilien blühn,
Denen zu dem weichen Busenwallen
Heldenstärke die Natur verliehn!
Wehe! Menschlich hat dies Herz empfunden! –
Und Empfindung soll mein Richtschwert sein! –
Weh! Vom Arm des falschen Manns umwunden,
Schlief Louisens Tugend ein.

Ach vielleicht umflattert eine andre,
Mein vergessen, dieses Schlangenherz,
Überfließt, wenn ich zum Grabe wandre,
An dem Putztisch in verliebten Scherz?
Spielt vielleicht mit seines Mädchens Locke?
Schlingt den Kuss, den sie entgegenbringt?
Wenn, verspritzt auf diesem Todesblocke,
Hoch mein Blut vom Rumpfe springt.

Joseph! Joseph! Auf entfernte Meilen
Folge dir Louisens Totenchor,
Und des Glockenturmes dumpfes Heulen
Schlage schröcklich mahnend an dein Ohr –
Wenn von eines Mädchens weichem Munde
Dir der Liebe sanft Gelispel quillt,
Bohr es plötzlich eine Höllenwunde
In der Wollust Rosenbild!

Ha Verräter! Nicht Louisens Schmerzen?
Nicht des Weibes Schande, harter Mann?
Nicht das Knäblein unter meinem Herzen?
Nicht was Löw und Tiger milden kann?
Seine Segel fliegen stolz vom Lande,
Meine Augen zittern dunkel nach,
Um die Mädchen an der *Seine* Strande
Winselt er sein falsches Ach! --

Und das Kindlein – in der Mutter Schoße
Lag es da in süßer, goldner Ruh,
In dem Reiz der jungen Morgenrose
Lachte mir der holde Kleine zu,
Tödlichlieblich sprang aus allen Zügen
Des geliebten Schelmen Konterfei;
Den beklommnen Mutterbusen wiegen
Liebe und – Verräterei.

„Weib, wo ist mein Vater?", lallte
Seiner Unschuld stumme Donnersprach,
„Weib, wo ist dein Gatte?", hallte
Jeder Winkel meines Herzens nach –
Weh, umsonst wirst, Waise, du ihn suchen,
Der vielleicht schon andre Kinder herzt,

Wirst der Stunde unsrer Wollust fluchen,
Wenn dich einst der Name Bastard schwärzt.

Deine Mutter – o im Busen Hölle! –
Einsam sitzt sie in dem All der Welt,
Durstet ewig an der Freudenquelle,
Die dein Anblick fürchterlich vergällt,
Ach, in jedem Laut von dir erwachet
Toter Wonne Qualerinnerung,
Jeder deiner holden Blicke fachet
Die unsterbliche Verzweifelung.

Hölle, Hölle, wo ich dich vermisse,
Hölle, wo mein Auge dich erblickt,
Eumenidenruten[1] deine Küsse,
Die von *seinen* Lippen mich entzückt,
Seine Eide donnern aus dem Grabe wieder,
Ewig, ewig würgt sein Meineid fort,
Ewig – hier umstrickte mich die Hyder[2]; –
Und vollendet war der Mord –

Joseph! Joseph! Auf entfernte Meilen
Jage dir der grimme Schatten nach,
Mög mit kalten Armen dich ereilen,
Donnre dich aus Wonneträumen wach,
Im Geflimmer sanfter Sterne zucke
Dir des Kindes grasser Sterbeblick,
Es begegne dir im blut'gen Schmucke,
Geißle dich vom Paradies zurück.

Seht, da lag es – lag im warmen Blute,
Das noch kurz im Mutterherzen sprang,
Hingemetzelt mit Erinnysmute[3],
Wie ein Veilchen unter Sensenklang; --
Schröcklich pocht schon des Gerichtes Bote,
Schröcklicher mein Herz!
Freudig eilt' ich, in dem kalten Tode
Auszulöschen meinen Flammenschmerz.

---

[1] Eumeniden: griechische Rachegöttinnen
[2] Hydra: eine neunköpfige Schlange aus der griechischen Sagenwelt
[3] Erinys, Sing. von Erinyen: frühere Bezeichnung für Eumeniden

Joseph! Gott im Himmel kann verzeihen,
Dir verzeiht die Sünderin.
Meinen Groll will ich der Erde weihen,
Schlage, Flamme, durch den Holzstoß hin –
Glücklich! Glücklich! Seine Briefe lodern,
Seine Eide frisst ein siegend Feur,
Seine Küsse! – Wie sie hochan flodern! –
Was auf Erden war mir einst so teur?

Trauet nicht den Rosen eurer Jugend.
Trauet, Schwestern, Männerschwüren nie!
Schönheit war die Falle meiner Tugend,
Auf der Richtstatt hier verfluch ich sie! –
Zähren[1]? Zähren in des Würgers Blicken?
Schnell die Binde um mein Angesicht!
Henker, kannst du keine Lilie knicken?
Bleicher Henker, zittre nicht! ---

Aus: Friedrich Schiller: Sämtliche Werke. 8., durchgesehene Auflage. Bd. I. München: Carl Hanser 1987, S. 52–56

Das Drama „Die Räuber"

Friedrich Schillers Erstlingswerk „Die Räuber" (1781) liegt das für diese Epoche typische Motiv der feindlichen Brüder zugrunde: Karl, der Ältere, Liebling des Vaters Maximilian von Moor, ist als Student in schlechte Gesellschaft geraten und schreibt nach stürmischer, von Schulden und provozierenden Streichen gezeichneter Studienzeit in Leipzig einen Brief an seinen Vater, worin er sein Elend und seine Reue rückhaltlos bekennt und um Verzeihung bittet; sein Bruder Franz tauscht den Brief jedoch gegen einen Bericht aus, nach dem Karl angeblich als Verbrecher steckbrieflich gesucht wird. Der verzweifelte Vater, der dem grob gefälschten Bericht glaubt, verstößt seinen Lieblingssohn. Die Antwort an Karl überlässt er Franz; dessen Schreiben versetzt den Enterbten in Wut und Empörung.

[1. Akt, 2. Szene]

Moor tritt herein in wilder Bewegung und läuft heftig im Zimmer auf und nieder, mit sich selber.

[1] Tränen

MOOR: Menschen – Menschen! Falsche, heuchlerische Krokodilbrut! Ihre Augen sind Wasser![1] Ihre Herzen sind Erzt! Küsse auf den Lippen! Schwerder im Busen! Löwen und Leoparde füttern ihre Jungen, Raben tischen ihre Kleinen auf dem Aas, und Er, Er – Bosheit hab ich dulden gelernt, kann dazu lächeln, wenn mein erboster Feind mir mein eigen Herzblut zutrinkt – aber wenn Blutliebe zur Verräterin, wenn Vaterliebe zur Megäre[2] wird; o so fange Feuer, männliche Gelassenheit, verwilde zum Tiger, sanftmütiges Lamm, und jede Faser recke sich auf zu Grimm und Verderben.

ROLLER: Höre Moor! Was denkst du davon? Ein Räuberleben ist doch auch besser, als bei Wasser und Brot im untersten Gewölbe der Türme?

MOOR: Warum ist dieser Geist nicht in einen Tiger gefahren, der sein wütendes Gebiss in Menschenfleisch haut? Ist das Vatertreue? Ist das Liebe für Liebe? Ich möchte ein Bär sein, und die Bären des Nordlands wider dies mörderische Geschlecht anhetzen – Reue, und keine Gnade! – Oh ich möchte den Ozean vergiften[3], dass sie den Tod aus allen Quellen saufen! Vertrauen, unüberwindliche Zuversicht, und kein Erbarmen!

ROLLER: So höre doch, Moor, was ich dir sage!

MOOR: Es ist unglaublich, es ist ein Traum, eine Täuschung – So eine rührende Bitte, so eine lebendige Schilderung des Elends und der zerfließenden Reue – die wilde Bestie wär in Mitleid zerschmolzen! Steine hätten Tränen vergossen, und doch – man würde es für ein boshaftes Pasquill[4] aufs Menschengeschlecht halten, wenn ich's aussagen wollte – und doch, doch – oh dass ich durch die ganze Natur das Horn des Aufruhrs blasen könnte, Luft, Erde und Meer wider das Hyänen-Gezücht ins Treffen zu führen!

---

[1] Anspielung auf die Redensart „Krokodilstränen weinen", d.h. sich heuchlerisch verhalten

[2] eine der drei antiken Rachegöttinnen

[3] vgl. Offenbarung des Johannes 16,3: „Und der zweite Engel goss aus seine Schale ins Meer; und es wurde zu Blut wie von einem Toten, und alle lebendigen Wesen im Meer starben."

[4] Schmähschrift

GRIMM: Höre doch, höre! Vor Rasen hörst du ja nicht.

MOOR: Weg, weg von mir! Ist dein Name nicht Mensch? Hat dich das Weib nicht geboren? – Aus meinen Augen du mit dem Menschengesicht! – Ich hab ihn so unaussprechlich geliebt! So liebte kein Sohn, ich hätte tausend Leben für ihn – *(schäumend auf die Erde stampfend)* ha! – Wer mir itzt ein Schwert in die Hand gäb, dieser Otterbrut[1] eine brennende Wunde zu versetzen! Wer mir sagte: Wo ich das Herz ihres Lebens erzielen, zermalmen, zernichten – Er sei mein Freund, mein Engel, mein Gott – ich will ihn anbeten!

ROLLER: Eben diese Freunde wollen ja wir sein, lass dich doch weisen!

SCHWARZ: Komm mit uns in die böhmischen Wälder! Wir wollen eine Räuberbande sammeln, und du – *(Moor stiert ihn an.)*

SCHWEIZER: Du sollst unser Hauptmann sein! Du musst unser Hauptmann sein!

SPIEGELBERG *(wirft sich wild in einen Sessel)*: Sklaven und Memmen!

MOOR: Wer blies dir das Wort ein? Höre, Kerl! *(Indem er Schwarzen hart ergreift.)* Das hast du nicht aus deiner Menschenseele hervorgeholt! Wer blies dir das Wort ein? Ja, bei dem tausendarmigen Tod! Das wollen wir, das müssen wir! Der Gedanke verdient Vergötterung – Räuber und Mörder! – So wahr meine Seele lebt, ich bin euer Hauptmann!

ALLE *(mit lärmendem Geschrei)*: Es lebe der Hauptmann!

SPIEGELBERG *(aufspringend, vor sich)*: Bis ich ihm hinhelfe!

MOOR: Siehe, da fällts wie der Star[2] von meinen Augen! Was für ein Tor ich war, dass ich ins Kefícht[3] zurückwollte! – Mein Geist dürstet nach Taten, mein Atem nach Freiheit, – Mörder, Räuber! – Mit diesem Wort war das Gesetz unter meine Füße gerollt – Menschen haben Menschheit vor mir verborgen, da ich an Menschheit[4] appellierte, weg dann von mir Sympathie und menschli-

[1] Ottern: Giftschlangen; vgl. Matthäus 3,7: „Ihr Otterngezüchte, wer hat denn euch gewiesen, dass ihr dem künftigen Zorn entrinnen werdet?"

[2] Augenkrankheit [3] Käfig [4] Menschlichkeit

che Schonung! – Ich habe keinen Vater mehr, ich habe keine Liebe mehr, und Blut und Tod soll mich vergessen lehren, dass mir jemals etwas teuer war! Kommt, kommt! – Oh ich will mir eine fürchterliche Zerstreuung machen – es bleibt dabei, ich bin euer Hauptmann!

Aus: Friedrich Schiller: Die Räuber. Ein Schauspiel. In: Schillers Werke. Band I. Textkritisch hrsg. von Herbert Kraft. Frankfurt am Main: Insel Verlag 1966

Die Erzählung „Spiel des Schicksals"

Der Erzählung „Spiel des Schicksals", die 1789 in Wielands „Teutschem Merkur" erschien, liegen Ereignisse der württembergischen Geschichte zugrunde, die viel Aufsehen erregt hatten: Der General Philipp Rieger, einer der Taufpaten Schillers, war ein begabter Emporkömmling aus dem Bürgertum im Dienst seines Landesherrn. Nach raschem Aufstieg zu hohen Ämtern kam er in einem intrigenreichen Konkurrenzkampf gegen den Grafen Samuel Friedrich von Montmartin selbst zu Fall, wurde von Herzog Karl Eugen degradiert und für vier Jahre, 1762–66, in den Kerker der Feste Hohentwiel geworfen. Nachdem er später wieder in Gnaden aufgenommen worden war, ernannte ihn der Herzog zum Kommandanten des Hohenaspergs.

*Schiller hat seiner Erzählung den Untertitel „Ein Bruchstück aus einer wahren Geschichte" gegeben und die Namen der Personen geändert: Rieger ist in seiner Erzählung Aloysius von G***, der dessen wechselhaftes Schicksal erfährt; Montmartin ist das Urbild Martinengos, eines italienischen Grafen. G*** selbst hat Martinengo, von dem er deshalb annimmt, dass er ihm dankbar und ergeben sei, einen bedeutenden Posten am Hofe des Fürsten verschafft, „um ihn bei den Vergnügungen seines Herrn den Platz ausfüllen zu lassen, dessen er selbst überdrüssig zu werden anfing und den er lieber mit einer gründlichern Beschäftigung vertauschte." Im folgenden Abschnitt ist von Martinengo die Rede.*

[...]

In kurzer Zeit wusste er das Gemüt seines Herrn auswendig, alle Zugänge zu seinem Vertrauen hatte er ausgespäht und sich unvermerkt in seine Gunst eingestohlen. Alle jene

Künste, die ein edler Stolz und eine natürliche Erhabenheit der Seele den Minister verachten gelehrt hatte, wurden von dem Italiener in Anwendung gebracht, der zu Erreichung seines Zwecks auch das niedrigste Mittel nicht verschmähte. Da ihm sehr gut bewusst war, dass der Mensch nirgends mehr eines Führers und Gehülfen bedarf als auf dem Wege des Lasters und dass nichts zu kühneren Vertraulichkeiten berechtigt als eine Mitwissenschaft geheim gehaltener Blößen, so weckte er Leidenschaften bei dem Prinzen, die bis jetzt noch in ihm geschlummert hatten, und dann drang er sich ihm selbst zum Vertrauten und Helfershelfer dabei auf. Er riss ihn zu solchen Ausschweifungen hin, die die wenigsten Zeugen und Mitwisser dulden; und dadurch gewöhnte er ihn unvermerkt, Geheimnisse bei ihm niederzulegen, wovon jeder Dritte ausgeschlossen war. So gelang es ihm endlich, auf die Verschlimmerung des Fürsten seinen schändlichen Glücksplan zu gründen, und eben darum, weil das Geheimnis ein wesentliches Mittel dazu war, so war das Herz des Fürsten sein, ehe sich G*** auch nur träumen ließ, dass er es mit einem andern teilte.

Man dürfte sich wundern, dass eine so wichtige Veränderung der Aufmerksamkeit des Letztern entging; aber G*** war seines eigenen Wertes zu gewiss, um sich einen Mann wie Martinengo als Nebenbuhler auch nur zu denken, und dieser sich selbst zu gegenwärtig, zu sehr auf seiner Hut, um durch irgendeine Unbesonnenheit seinen Gegner aus dieser stolzen Sicherheit zu reißen. Was Tausende vor ihm auf dem glatten Grunde der Fürstengunst straucheln gemacht hat, brachte auch G*** zum Falle – zu große Zuversicht zu sich selbst. Die geheimen Vertraulichkeiten zwischen Martinengo und seinem Herrn beunruhigten ihn nicht. Gerne gönnte er einem Aufkömmling ein Glück, das er selbst im Herzen verachtete und das nie das Ziel seiner Bestrebungen gewesen war. Nur weil sie allein ihm den Weg zu der höchsten Gewalt bahnen konnte, hatte die Freundschaft des Fürsten einen Reiz für ihn gehabt, und leichtsinnig ließ er die Leiter hinter sich fallen, sobald sie ihm auf die erwünschte Höhe geholfen hatte.

Martinengo war nicht der Mann, sich mit einer so untergeordneten Rolle zu begnügen. Mit jedem Schritte, den er in der Gunst seines Herrn vorwärts tat, wurden seine Wünsche kühner und sein Ehrgeiz fing an, nach einer gründlichern Befriedigung zu streben. Die künstliche Rolle von Unterwürfigkeit, die er bis jetzt noch immer gegen seinen Wohltäter beibehalten hatte, wurde immer drückender für ihn, je mehr das Wachstum seines Ansehens seinen Hochmut weckte. Da das Betragen des Ministers gegen ihn sich nicht nach den schnellen Fortschritten verfeinerte, die er in der Gunst des Fürsten machte, im Gegenteil oft sichtbar genug darauf eingerichtet schien, seinen aufsteigenden Stolz durch eine heilsame Rückerinnerung an seinen Ursprung niederzuschlagen, so wurde ihm dieses gezwungene und widersprechende Verhältnis endlich so lästig, dass er einen ernstlichen Plan entwarf, es durch den Untergang seines Nebenbuhlers auf einmal zu endigen. Unter dem undurchdringlichsten Schleier der Verstellung brütete er diesen Plan zur Reife. Noch durfte er es nicht wagen, sich mit seinem Nebenbuhler in offenbarem Kampfe zu messen; denn obgleich die erste Blüte von G***s Favoritschaft dahin war, so hatte sie doch zu frühzeitig angefangen und zu tiefe Wurzeln im Gemüte des jungen Fürsten geschlagen, um so schnell daraus verdrängt zu werden. Der kleinste Umstand konnte sie in ihrer ersten Stärke zurückbringen; darum begriff Martinengo wohl, dass der Streich, den er ihm beibringen wollte, ein tödlicher Streich sein müsse. Was G*** an des Fürsten *Liebe* vielleicht verloren haben mochte, hatte er an seiner *Ehrfurcht* gewonnen; je mehr sich Letzterer den Regierungsgeschäften entzog, desto weniger konnte er des Mannes entraten, der, selbst auf Unkosten des Landes, mit der gewissenhaftesten Ergebenheit und Treue seinen Nutzen besorgte – und so teuer er ihm ehedem als Freund gewesen war, so wichtig war er ihm jetzt als Minister.

Was für Mittel es eigentlich gewesen, wodurch der Italiener zu seinem Zwecke gelangte, ist ein Geheimnis zwischen den wenigen geblieben, die der Schlag traf und die ihn führten. [...]

Aus: Friedrich Schiller, „Der Verbrecher aus verlorener Ehre" und andere Erzählungen. Mit einem Nachwort von Bernhard Zeller. Stuttgart: Reclam junior [4]1967, S. 45–47

5. Vergleichstexte aus dem 19. und 20. Jahrhundert

Gottfried Immanuel Wenzel: Verbrechen aus Infamie. Eine theatralische Menschenschilderung für Richter und Psichologen in drei Akten

Zweiter Aufzug. Zweiter Auftritt.

WOLF *(tritt aus einem dichten Gebüsche hervor)*: Genuss der Freiheit und befriedigte Rachbegier, – wie viel liegt in diesen Worten nicht! Wie ganz fühlt sich der Mensch bei diesem Bewusstsein! – – Unglückliche, die ihr beides vermisset, warum tragt ihr des Lebens Bürde länger? Warum werfet ihr das Joch nicht von eurem Rücken, das nicht die Natur, das die Gesellschaft euch auflastete? Seht ihr denn nicht, dass in der Reihe der Dinge das Leblose wie das Belebte nach Freiheit ringt und jedem Zwange widersteht nach Kräften? Wohl mir! Und abermal wohl mir! Dass ich's fühle, dass ich's so lebendig fühle. – Frei lebe der Mensch, räche jede Beleidigung nach dem Maße empfangener Kräfte oder höre auf zu sein! O! Wie oft rieb ich zähneknirschend meine Ketten, wenn die Sonne so hinter meinem Festungsberge heraufstieg! – Der freie Zugwind, der durch die Luftlöcher meines Turmes pfeifend wirbelte, und die Schwalbe, die sich auf dem rostigen Stabe meines Gitters niederließ und nach Willkür wieder davonflog, schienen mich mit ihrer Freiheit zu necken. Doch, necken will ich nun auch peinlich jedes Wesen, das mich irrt in meinem Benehmen! Necken will ich den Menschen; denn sein ganzes Geschlecht hat mich beleidigt! Nicht schonen will ich, was da atmet hienieden; denn alles Atmende ist besser und glücklicher als ich! – Der Knabe weiß nicht, was Verbrechen ist, kennt des Lasters Inhalt nicht, und doch mied er mich wie einen wütenden Hund! Bin ich denn irgendwo auf der Stirne gezeichnet? Oder habe ich aufgehört, einem Menschen ähnlich zu sehen, weil ich fühle, dass ich keinen mehr lieben kann? Die Verachtung dieses Knaben schmerzt mich bitter, schmerzt mich bitterer als der dreijährige Galliotendienst; denn ich hatte ihm Gutes getan! *(Steht stille; schlägt sich nach einer Pause vor die Stirne, nimmt die Flinte von der Schulter, spannet den Hahn und geht mit mordendem Blicke im Walde umher)* Ha! Die Spur eines Hirschen! Stirb! Denn ein lebendes Wesen bist du! *(Gehet gleichsam der Fährte nach. In einem Dickicht seitwärts bewegt sich etwas. Ein Hut fällt heraus)* Was ist das? *(Gehet näher)* Ein Schlafender. O, schliefe doch der Mensch sein ganzes Dasein durch! Schlief er den Schlaf des Todes traumlos, ohne Bewusstsein! Sein Schicksal wär erträglich. Aber so ist's nicht. Wir wachen, um zu leiden, schlafen, um zu träumen die Leiden des Lebens. – – – Will Gutes an dir üben, armer Schläfer! Will zerreißen das Glied, das dich an die Schöpfung kettet! Will den Traum verscheuchen von deiner Seele *(tritt dem Schlafenden mit gespanntem Hahne nahe)* Himmel und Erde! – Welcher Teufel bannte dich her? Ha! Robert, die Stunde meiner Rache schlug; tönte dumpf und schrecklich durch das Reich der Lebenden, melodisch für die Hölle! *(schießt das Gewehr ab)*

ROBERT *(im Gebüsche)*: Weh! Weh!

WOLF *(stehet starr; lässt die Flinte fallen)*: Mörder bist du! Verdammte Stille, die hier herrscht! Deutlich prellt es zurück in mein Ohr, – Mörder ich! *(Zieht den Toten hervor, stehet eine Weile stumm und unbeweglich vor ihm; endlich bricht er in ein verzweifelndes Gelächter aus)*: Ha, ha, ha! Wirst du itzt reinen Mund halten, guter Freund? Will dir's glauben. *(Hebt die Flinte hastig von der Erde, gehet einige Schritte schnell fort, kehrt aber plötzlich wieder zum Leichnam zurück)* Dein Testament, frostiger Junge, erklärt mich zum Erben. Will treten in den Besitz tiefer im Walde dort. Komm, kalter Kamerade! *(Schleppt den Leichnam mit sich in die Szene)*

Zehnter Auftritt

Räuberhöhle.

STRANG, GIFTLING, *und* MORDBRAND, KÜTZLERINN *und* SUSE *sitzen um einen mit Speisen und Getränken besetzten Tisch herum. Im Hintergrunde mehrere Männer und Weiber, später* WOLF *und* BLUT.

ALLE MÄNNER *singen.*

Glück auf! Glück auf dem Räuberchor!
Wir sind der Freiheit Söhne.
Verderben schallt in jedem Ohr;
Nur Tod enthalten unsre Töne.

ALLE WEIBER:

Ihr Männer mit den Mordgewehren,
Mit Messern und mit Feuerröhren,
Ihr liebet doch?

EINIGE MÄNNER:

Wir lieben die Weiber
Wir leben der Lust.
Frei buhlen die Räuber;
Zwang hasst ihre Brust.

DIE WEIBER:

So liebet in Freuden,
Mit Freiheit die Weiber,
Die gerne erleiden
Das Kosen der Räuber.

ALLE MÄNNER:

Glück auf! Glück auf dem Räuberchor
Wir sind der Freiheit Söhne.
Verderben schallt in jedem Ohr;
Nur Tod enthalten unsre Töne.

(Während dem Gesange sind WOLF *und* BLUT *eingetreten.)*

BLUT: Hier, Kameraden, unser Sonnenwirt! Heißt ihn willkommen!

ALLE: Sonnenwirt! *(Männer und Weiber drängen sich an Wolfen. Einige küssen ihn, andere schütteln und drücken ihm die Hände)*

BLUT: Nimm Teil an unserm Mahle, Bruder! Freude würzt's, und es gedeiht. *(Alle setzen sich. Wolf kömmt zwischen die Kützlerinn und Suse zu sitzen, die sich wechselseitig bemühen, ihn zu liebkosen).*

BLUT: Sieh, Wolf, sogenannte ehrliche Leute haben dich verworfen und Räuber nehmen dich auf.

MORDBRAND: Werden dich rächen an deinen Beleidigern.

GIFTLING: Blut und Leben lassen für dich!

STRANG: Schwestern, stimmt das Lied der Freude an!

DIE WEIBER *singen.*

Es leben unsre Brüder!
So schallen unsre Lieder;
Sie leben hoch!

DIE RÄUBER *ohne* WOLF *und* GIFTLING:

Es leben unsre Weiber!
Wir kennen keine Neider;
Sie lieben uns!

BLUT: Du siehst, Sonnenwirt, wie wir untereinander leben, und jeder Tag ist dem heutigen gleich. Nicht wahr, Kameraden?

ALLE *ohne* GIFTLING: Jeder Tag wie der heutige.

WOLF: Ihr seid wahrhaft glücklich.

GIFTLING *(für sich)*: Wie sehr trügt dich die Außenseite!

STRANG: Fühlst du's, Bruder?

MORDBRAND: Glücklich sein ist unser Zweck. Und könnten wir ihn wohl erreichen, wenn uns die Welt nicht Räuber nennte?

BLUT: Du kennst die Menschen, Wolf; kennst ihre Verfassung und Sitten. Sprich, was hältst du von Menschen, was hältst du von ihrer Verfassung?

WOLF: Nicht viel Gutes.

BLUT: Deine Zunge sprach eine Lüge; denn dein Blick sagt, sie sind dir ganz unerträglich. Und du hast Recht, Wolf. Wohl dir, dass du der wenigen Einer bist, die die Natur auserkor, zu leben auf diesem Planeten, wie sich's ziemt.

WOLF: Wie verstehst du das?

BLUT: Wie's liegt in der Natur. Abschütteln soll der Mensch das Joch der Gesetze, soll bloß folgen seinem Triebe. Dies ist der ganze Inhalt unser Pflichten; und sieh, Wolf, wir leben darnach. – Monopole schuf die Natur nicht. Wir dulden keine. Sie gab dem Menschen, wie dem Tiere, Instinkte. Wir tun, was diese fodern. Sie pflanzte Begierde nach Rache in das Herz des Menschen. Wir rächen jede Beleidigung. Sie gab uns Kräfte. Wir brauchen sie nach unsrer

Neigung. Sklaven des Eigensinns anderer sind wir nicht. Der Geist der Verfolgung, der Zwietracht und des Neides ist verbannt aus unsrer Mitte.

MORDBRAND: Uns drückt kein Vorurteil, kein Fanatiker macht unsre Köpfe schwindeln, eingebüldetes Glück ist unser Wunsch nicht; wir lachen der Chimären[1], die der Unsinn ausbrütet.

STRANG: Gemeinschaft der Güter ist hier zu Hause, keiner reich, keiner arm; kein Herr, kein Knecht; alles Brüder; jeder folgsam dem weisesten Rat.

BLUT: Jeder berechtigt zu fordern, was ihm taugt.

WOLF: Wie, – wenn mir da taugte dieses Weib? *(Haltet die Kützlerinn im Arm)*

ALLE *ohne* GIFTLING: Nimm sie! Nimm sie, Wolf! Und sei unser Bruder!

BLUT: Bruder und Führer! Bis itzt bin ich's gewesen; aber dir will ich weichen. Seid ihr's zufrieden, Kameraden?

ALLE: Wir sind's zufrieden! Wolf sei unser Führer! *(Von innen wird dreimal nacheinander geschossen).*

BLUT: Hörst du's, Wolf, wie's knallt, das Signal neu eroberter Beute? Auf, Kameraden! Lasst sehen, wie sie tätig waren, unsre Brüder! Ruhe indessen, Wolf, bald trifft die Reihe dich. *(Alle gehen ab, bis auf Giftling und Wolfen. Giftling stehet im Hintergrunde und beobachtet Wolfen; wird aber von ihm nicht bemerkt)*

WOLF: Die Welt hat mich ausgeworfen wie einen Verpesteten; hier finde ich brüderliche Aufnahme, Wohlleben und Ehre. Was zauderte ich, Genosse dieser Menschen zu werden! Welche Wahl ich auch treffen konnte, so erwartete mich der Tod; hier aber kann ich wenigstens mein Leben für einen höhern Preis verkaufen. – Die Weiber haben mir bis itzt nur Verachtung erwiesen; hier huldigen sie mir; hier erwarten mich Gunst und Vergnügungen. Ich bleibe bei euch, Kameraden! *(Gehet ab)*

GIFTLING *(hervortretend)*: Dich will ich retten, und meine Sünden werden mir vergeben! *(Gehet ab)*

Gottfried Immanuel Wenzel: Verbrechen aus Infamie. Eine theatralische Menschenschilderung für Richter und Psichologen in drei Akten. In: Gottfried Immanuel Wenzels dramatische Werke. Zweiter Band. Prag 1788, S. 181ff.

[1] Ungeheuer der griechischen Sage

Bänkelsang: Ausführliche Beschreibung der Verbrechen des Räuberhauptmanns Hermann Rohland und seiner Bande. Nebst einem dazu verfassten schönen Liede

Einer der gefürchtetsten Räuber, grässlicher, als die Geschichte der Vorzeit einen solchen aufzuweisen hat, bemächtigte sich, nachdem er in Böhmen sein Unwesen mit Mord und Raub lange genug getrieben und keinen Augenblick vor der Entdeckung und seiner gerechten Strafe mehr sicher war, nun auch der stillen Gebirge und Täler der bis dahin durch gewohnte Tätigkeit glücklichen freien Schweiz. Hermann Rohland, so hieß dieser Unhold, war der Sohn eines Gärtners zu Holzgerlingen bei Stuttgart in Schwaben; er wurde daselbst im Jahre 1793 geboren, durch Lehre und Beispiel seiner Eltern, die die Absicht hatten, aus ihm einen brauchbaren Menschen zu machen, zu allem Guten angeleitet, und weil diese an ihrem einzigen Sohne ihre guten Zwecke recht früh erreicht sehen wollten, schon von seinem vierten Lebensjahre an zur Schule befördert. Vergebens und fruchtlos waren Lehren und Beispiele der Eltern, umsonst war es, dass treue Lehrer keine Mühe scheuten, den jungen Rohland nur auf Wege des Rechts und der Tugend zu führen; er lernte nichts, lief um die Schule herum, so oft es ihm einfiel, und trieb mit den verworfensten Gassenbuben den verachtetsten Mutwillen auf freier Straße, wurde liederlich und kam, durch das Beispiel solcher Konsorten[1] angeleitet, dahin, dass er schon in seinem achten Lebensjahre sich anfänglich nur kleiner, bald aber größerer Diebstähle schuldig machte. Zur größten Betrübnis des alten Rohland und dessen ebenso braven Frau war das, was der Liebling der Eltern schon verübt, vor seine Lehrer gekommen; Hermann wurde hart gezüchtigt, als aber weder Warnung noch Strafe etwas fruchten wollten und er es im Stehlen zu einer meisterhaften Fertigkeit gebracht zu haben schien, so wurde er nach wiederholten Diebereien aus der Schule verwiesen. Nun befand er sich schon in seinem zwölften Jahre in strenger polizeilicher Untersuchung und Aufsicht.

[1] hier: Mittäter

Dieser an Geist und Herz verdorbene Mensch konnte nun, trotz der Mühe, die Eltern und Lehrer an ihn verwendet, weder lesen noch schreiben, und da nun die Zeit gekommen war, dass er sich zur Erlernung einer Profession[1] entschließen sollte, verließ er das elterliche Haus bei Nacht und Nebel und wurde im Gefolge mehrerer Gassenbuben, die er von Kindheit auf zu seinem Umgange gewählt, fürs Erste zum Landläufer, sodass auf den Landstraßen und besonders in abendlicher Dämmerung, Fuhrleute und Handwerksburschen vor seinen und zu seiner Konsorten Raub- und Mordanfällen nicht gesichert waren.

Diese Diebesbande, die bis dahin nur aus 25 Köpfen bestand und deren Anführer der junge Hermann Rohland war, kam durch Rauben und Morden so weit zu ihrem gesteckten Ziele, dass sie die böhmischen Waldungen erreichte, woselbst sie unter Rauben, Morden und Brennen so lange hausen wollte, als es nur möglich wäre.

Hier wurden, um Klöster und Kirchen zu berauben und ihre Vorsteher umzubringen, die fürchterlichsten Pläne ersonnen. Von Tage zu Tage gesellten sich diesen verrufenen Räubern ganz neue Massen Gauner und Diebesgesellen bei. Keine Wohnung, auch selbst die der ärmsten Familie, wurde beraubt und in Brand gesteckt, kein Mord mit frevelnder Hand verübt, wobei nicht Hermann Rohland, ein meisterhaftes Beispiel seiner Diebesgesellen, das Erste und meiste getan; auch kein Verbrechen wurde ausgeführt, wozu er nicht die Bahn gebrochen hätte.

Ausführliche
Beschreibung der Verbrechen
des Räuberhauptmanns
Hermann Rohland
und seiner Bande.
Nebst einem dazu verfaßten schönen Liede.

1851.

Titelblatt

[1] Beruf

Schlösser und Hütten wurden auf das Furchtbarste beraubt, und alle, die sich in ihnen befanden, fielen als Opfer der Mord-, Geiz- und Raubsucht dieser verrufenen Mörder und Räuber; Klöster und Kirchen wurden mit frevelnder Hand entweiht, beraubt und mit den Vorstehern, Nonnen und Mönchen den unvertilgbarsten Flammen preisgegeben. Alle Wohnungen, in welche die Räuber drangen, wussten sie wohl mit Wache zu besetzen, dass an kein Entfliehen zu denken war, sondern alles in denselben den Mordstreichen dieser Gauner unterliegen musste. Der Greis am Stabe fand kein Erbarmen, der Säugling an der Mutterbrust wurde auch nicht verschont.

Lange schon hatten gute Obrigkeiten und Ortsbehörden darauf gesonnen, wie wohl dem Unwesen des Raubmörders Rohland und seiner Bande Einhalt zu tun sei: Lange schon hatten militärische Corps an ihrer Aufhebung gearbeitet, aber vergebens; denn obwohl die Bande sich bis auf 800 Mann verstärkt hatte, so wusste sie sich doch so gut vor ihrem Nachspüren zu verbergen, dass man nicht einen derselben habhaft werden konnte. Nun waren aber zu hohe Preise auf den Kopf des Räuberanführers Rohland gesetzt, und die Bande war keinen Augenblick mehr vor ihrer Entdeckung und Strafe sicher. Rohland berief daher seine ganze Bande zusammen und machte ihr seinen Plan kund, nach der Schweiz zu ziehen, um dort noch furchtbarer zu hausen als hier in Böhmen. Alles gab seinen Beifall zu erkennen, und es erscholl wie aus einem Munde: Vivat! Hermann Rohland, unser Hauptmann!

Alles war nun mit dem Zusammenpacken der geraubten Gelder, Juwelen und Kostbarkeiten fertig, und so ging es bei Nacht und Nebel durch Wälder und Täler, über Berge und Hecken dem Gebiete der Schweiz zu, wo der Räuberhauptmann Rohland mit seinen Gaunern und Diebesgesellen, unter Sengen und Brennen, Rauben und Morden ein freieres und glücklicheres Leben zu führen glaubte.

Hier verbarg sich die Bande tief in dem Dickicht der Waldungen, neue Pläne zum gewohnten Handwerke wurden gemacht und solche Mannschaften aus der Bande herausgezogen, die der Gegend von früher her schon kundig waren. Diese wurden nun ausgeschickt, sich die Klöster und Kirchen, Schlösser und Wohnungen der Vornehmen im Lande anzusehen und die Möglichkeit, in selbige einzudringen, genau in Augenschein zu nehmen. Bald kamen die Ausgesandten zurück und günstige Gelegenheit, das vorige Handwerk zu treiben, bot sich der Bande dar. Viele Wohnungen der Vornehmen wurden beraubt und in Aschenhaufen verwandelt, viele Kirchen und Klöster ausgeräumt und zerstört, die Nonnen auf das Grässlichste entweiht und umgebracht, die Mönche an Pfeilern der Kirche und an Bäumen aufgehängt. – Endlich war die ganze Bande bei dem Kloster Gnadenthal versammelt, in der Absicht, hier gleichen Frevel zu verüben; der Pförtner, der genaue Kunde von dem Aufenthalt dieser verrufenen Räuber hatte, wollte nicht öffnen. Das Tor wurde nun aufgesprengt und die Bande drang ein. Allein wider alles Erwarten waren zwei Escadrons Cavallerie und zwei Bataillone Infanterie gegen diese 800 Mann starke Bande ausgerückt. Das Kloster Gnadenthal wurde umzingelt, und ein langer gegenseitiger Kampf fand hier statt. Viele der Militärs fielen, und noch immer schien der Sieg auf der Räuber Seite zu sein; heftiger und heftiger wurde der Kampf, aber das Blatt wendete sich doch zuletzt, und der Siegesgott verließ die Räuber, die sich noch immer wie Löwen verteidigten; an Flucht war nicht zu denken. Alle Räuber fielen auf dem Kampfplatze, nur zehn derselben und ihr Anführer Rohland wurden gefangen, gefesselt und in einen Kerker geworfen. Der Hauptmann ist, nachdem er alle seine Verbrechen bekannt hatte, am 29sten August vorigen Jahres in Basel von unten herauf gerädert, und die noch mitgefangenen Räuber sind am selbigen Tage daselbst durchs Schwert vom Leben zum Tode gebracht worden.

Bänkellied zur Beschreibung

In des Böhmer-Waldes Tiefen,
Im Gebüsche tief versteckt,
Schlummert Rohland;
Bis der Bande lauter Jubelruf ihn weckt.
Und der löwenkühne Räuber
Hört die Bande und erwacht,
Alles lauscht auf neue Pläne,
Die die Raub- und Geldgier macht.

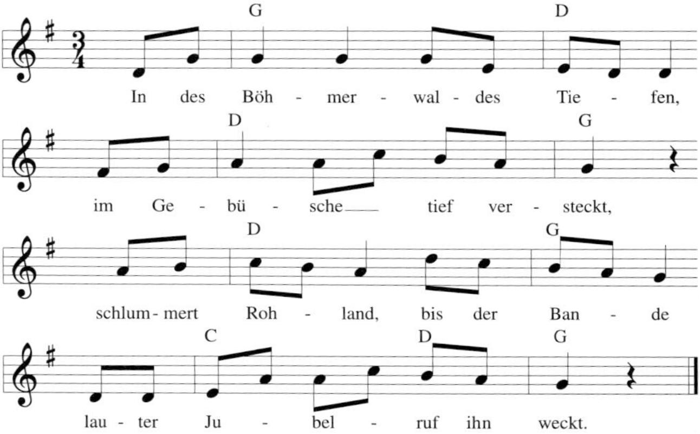

Bänkellieder und Moritaten aus drei Jahrhunderten. Texte und Noten mit Begleit-Akkorden. Hrsg. v. Leander Petzoldt. Frankfurt: Fischer Verlag 1982, S. 60 (= Fischer Taschenbuch 2971).

Vivat! Unser Hauptmann lebe!
Jubelt die verwegne Schaar;
Mächtig lasst uns ihn beschützen,
Ihn nicht lassen in Gefahr.
Lasst uns rauben, morden, brennen,
Tönt es; Alles rief: Es sey!
Doppelt gab das Echo wieder
Dieser Räuber Feldgeschrei.

Lasst uns nicht des Greises schonen
Nicht des Säuglings an der Brust;
An der Mutter Händeringen
Lasst uns finden unsre Lust.
Ja, vor unsern Streichen sicher
Sei auch nicht ein einz'ges Haus. –
Rohland, an der Bande Spitze,
Rückt, es zu vollführen, aus.

Schrecklich wütend und verheerend
Hauste die Tyrannenbrut;
Ach, es tränkte Böhmens Fluren
Der gefallnen Opfer Blut.
Kirchen sowie stille Klöster,

Wurden, was man kaum geglaubt,
Von der Räuber frechen Händen
Ganz entweiht, zerstört, beraubt.

In Palästen, wie in Hütten,
Zeigte sich der Raubsucht Spur,
Hermann Rohland war ein Schrecken,
Abscheu jeder Kreatur.
Gute Obrigkeiten dachten
Auf geschickte Pläne nun,
Einhalt diesem Räuberwesen,
Dieser Mörderbrut zu tun.

Und es wurden wackre Truppen
Sie zu fangen ausgesandt,
Aber keiner von der Bande
Kam in diese Heldenhand.
Nach der freien Schweiz zu eilen
War der frechen Räuber Plan,
Unentdeckt ihr Werk zu treiben
Auf der Raubsucht Lasterbahn.

Hier kaum sicher angekommen,
War der Bande Losungswort,
Lasst uns rauben, brennen, morden,
Unser Spruch sei Raub und Mord.
Endlich drangen tapfre Truppen
Bei dem Kloster Gnadenthal
Auf die Räuber ein, es fielen
Hundert Krieger an der Zahl.

Bald auch fiel der Räuber Rotte
In dem wilden Kampfgewühl,
Rohland mit zehn Schandgesellen
War gesetzt ein ander Ziel.
Tief im Kerker und in Ketten
Warteten der Strafe sie,
Die vor Basel sie erreichte. –
Mensch, vergiss dies Beispiel nie!

Aus: Bänkelsang und Moritat. Katalog der Ausstellung der Stuttgarter Staatsgalerie 1975. Zitiert nach: Siegfried Hein u.a. (Hrsg.): Arbeitsreihen Deutsch 7/9. Stuttgart: Klett Verlag 1976, S. 16–19.

Hannes Kempp: Wildräuber im Grafenwald. Berg-Schicksals-Roman

Die Herbstnebel lasteten schwer auf dem Waldgebiet am Fuße der Kampenwand. Manchmal trieb ein heftiger Windstoß die feuchtkalten Schwaden auseinander und der Blick auf eine hoch gelegene Alm wurde frei. Hinter ihr erhob sich schemenhaft der Berg, massiv und dunkel wie eine düstere Drohung. Es war die Zeit der Abenddämmerung, in der die Rotwildrudel aus dem Tann zu kommen pflegten, um am unteren Rand der Hochweide zu äsen. Dort, wo der letzte Bergsturm eine Fichte entwurzelt hatte, hockte hinter dem mannshoch aufgebrochenen Wurzelballen ein Mann. Er hielt das Jagdgewehr schussbereit in den Händen. Unter der breiten Hutkrempe quoll schwarzes Haar in dicken Locken hervor. Wie im Fieber glühten seine dunklen Augen und schienen den grauen Dunst durchbohren zu wollen. „Heut darf mir der kapitale Hirschen nit ausgehen", murmelte der Mann vor sich hin. „Lang genug hab ich nun schon auf ihn gepasst. Und keiner von den Jagern darf mir zuvorkommen ..."

Irgendwo in der Nähe knackte ein dürrer Zweig. War da ein Tier unterwegs? Oder gar ein Mensch, der sich heranschlich?

Das Gesicht des Lauernden unter dem schwarzen Hut verzerrte sich vor Spannung. Drohend schob sich das kantige Kinn vor, als er langsam die Büchse hob.

Dumpf tastende Tritte ... Das Ächzen eines geborstenen Baumwipfels im Wind. Nichts sonst war zu hören.

Doch dann schlug wenige Meter entfernt das Geweih eines Hirsches gegen einen Fichtenstamm.

Nur in Umrissen erkennbar wollte ein Vierzehnender aus der Dickung ins Freie streben, da krachte auch schon ein Schuss und ins Herz getroffen brach das edle Tier zusammen. Unter ihm färbte sich das Moos rot.

Mit einem unartikulierten Laut sprang der Schütze auf. Er achtete kaum auf die Umgebung, sondern stürzte sich auf die Jagdbeute und begann in großer Eile die Enden einer Geweihstange abzutasten.

„Sieben ...! – Er ist's. Ich hab ihn endlich ..."

Ein Geräusch hinter seinem Rücken ließ ihn erschrocken hochfahren. Noch ehe er sich vollends umwenden konnte, ertönte eine scharfe Stimme durch den Nebel.
„Wilddieb, hoch die Hände! Wirf die Büchse fort! Du bist gefangen!“
Das Gewehr in der Rechten hob der Angerufene langsam die Arme. Dabei lugte er mit zusammengekniffenen Augen über die Schulter nach hinten.
„Ah – der Herr Raubgraf persönlich“, spottete er und seine Stimme klang rau und heiser. „Ein solch alter Mann sollte sich nit in eine Gefahr begeben ...“
„Wirf die Büchse weg!“, ertönte noch einmal die Warnung des anderen, der in zwanzig Meter Entfernung vorsichtig stehen geblieben war.
„Ihr sollt ihn ja haben, den verrosteten Stutzen!“, antwortete der Wilderer höhnisch, senkte den bewaffneten Arm und – drückte sein Gewehr blitzschnell ab.
Der Schuss peitschte auf. Von der Kugel des zweiten Büchsenlaufs getroffen, brach der Jagdherr, Graf Rainsburg, stöhnend zusammen.
„Da hat er's!“, brummte der Schwarzlockige ungerührt. „Der stört meine Pürschgänge nit mehr ...“ Dann ging er daran, das Geweih auszubrechen, auf das er es in erster Linie abgesehen hatte.
Eben war er damit fertig geworden, als vom Weidehang her eine Stimme ertönte: „Jager, hast du drunten geschossen?“
Der Wilderer gab keine Antwort, er fluchte nur leise und riss das Geweih vollends aus der Schädelpartie des erlegten Hirsches um mit seiner Beute in der nebelschweren Dämmerung unterzutauchen.
Minuten später erwachte Graf Rainsburg aus seiner Bewusstlosigkeit. Laut stöhnend presste er seine Hand auf die stark blutende Wunde in seiner Brust.
„Wer hat hier geschossen?“, wurde von der Alm her noch einmal gefragt und nun konnte man diese Stimme deutlicher hören. Es war die Stimme einer Frau.
Der Verwundete war nicht imstande, eine Antwort zu geben, aber sein unentwegtes Stöhnen wies der Näherkommenden die Richtung.

Es war die junge Sennerin Daniela Kettner, die zuerst den verendeten Hirsch entdeckte und schließlich auch den schwer verletzten Jagdherrn dieses Waldgebietes.
„Graf Rainsburg!“, stieß sie erschrocken hervor. „Sind Sie verunglückt?“
„Nein ...“, brachte er mühsam über seine Lippen. „Ein Wilddieb – es war – es war der schwarze ...“ Die Stimme brach jäh ab.
Daniela Kettner presste ihre Hände voll Entsetzen auf den Mund. Sie war neben dem Verwundeten in die Knie gesunken, dessen Hand nun zitternd zur Brusttasche des Jagdrockes tastete.
Die Sennerin begriff die Geste des Grafen und knöpfte die Tasche auf, um das Verbandspäckchen hervorzuholen. Dann zog sie den Reißverschluss des ledernen Jagdrockes auf, öffnete das Hemd und drückte den sterilen, Blut stillenden Gazeballen auf die Wunde. Nach Anlegen der Klebestreifen sprang sie sehr schnell wieder auf.

Julius Geertz: Auf Leben und Tod. 1883

„Bleiben Sie ruhig hier liegen! Ich hole Hilfe herbei!“, rief sie dem Grafen noch zu, dann eilte sie davon. Der Besitz ihres Vaters, der Ödhof, lag einige hundert Meter entfernt auf einer großen Waldlichtung. Hier lebte neben dem noch rüstigen Vater auch der Altknecht. Beide würden den Verwundeten holen und ins Haus tragen können.

Die Kunde von dem Vorfall erschreckte die Bewohner des Ödhofes.

Erdmann Kettner, der Vater der jungen Sennerin, schickte den Hütejungen sofort zum Forsthaus. Eine Trage war schnell hergerichtet und dann lief Daniela den beiden Männern voraus.

Unterdessen war es vollends dunkel geworden. Aber Daniela strebte zielsicher der Unglücksstätte zu, dicht gefolgt von ihrem Vater und dem Knecht Jonas.

Und dann – ein Aufschrei aus Danielas Mund ...

„Der Graf ist fort!“

Und der Hirsch war verschwunden ...

Hannes Kempp (Pseudonym für Hanns V. Kappler): Wildräuber im Grafenwald. Berg-Schicksalsroman Nr. 46, Rastatt: Verlag Erich Pabel 1969, S. 3–5.

Otfried Preußler: Der Räuber Hotzenplotz

Der Räuber Hotzenplotz nahm es mit seinem Beruf sehr genau. Im Sommer stand er wochentags immer pünktlich um sechs Uhr auf und spätestens um halb acht verließ er die Räuberhöhle und ging an die Arbeit. Auch heute lag er seit acht Uhr morgens hinter den Ginsterbüschen am Waldrand auf der Lauer und beobachtete durch sein Fernrohr die Landstraße. Aber inzwischen war es halb zehn geworden und noch immer hatte er keine Beute gemacht.

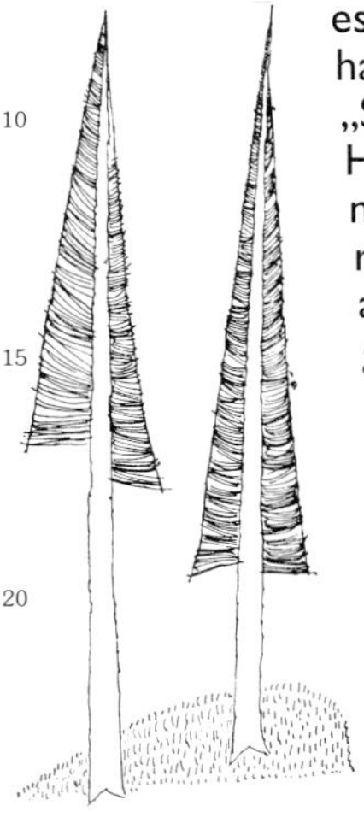

„Schlechte Zeiten!“, schimpfte der Räuber Hotzenplotz. „Wenn das so weitergeht, muss ich mich allmählich nach einem anderen Beruf umsehen. Die Räuberei bringt auf die Dauer zu wenig ein und anstrengend ist es außerdem!“

Er wollte sich eben – was er sonst während der Arbeitszeit nur höchst selten tat – eine Prise Schnupftabak genehmigen: Da hörte er auf der Landstraße einen Handwagen knarren.

„Nanu!“, dachte Hotzenplotz, „liege ich etwa doch nicht umsonst auf der Lauer?“ Und er griff statt zur Schnupftabaksdose wieder nach seinem Fernrohr.

Draußen auf der Landstraße bogen zwei Leute mit einem Handwagen um die Waldecke. Auf dem Handwagen lag eine große Kiste. Die Kiste schien schwer zu sein. Die beiden mussten sich mit dem Wagen ganz schön abmühen. Der eine war übrigens dieser Kasperl, ihn erkannte man ja von weitem an seiner Zipfelmütze.
Und der andere? Nun, wenn der eine von beiden der Kasperl war, konnte der andere nur sein Freund Seppel sein: Das wusste sogar der Räuber Hotzenplotz.
„Lieber wüsste ich freilich, was in der Kiste ist!", dachte er. Aber halt, trug die Kiste nicht eine Aufschrift? Was stand da mit roten, leuchtenden Buchstaben draufgemalt ...?
„Vorsicht Gold!", las der Räuber Hotzenplotz; und er musste es gleich noch ein zweites und drittes Mal lesen, bevor er sicher war, dass er sich nicht getäuscht hatte.

Nein, er hatte sich nicht getäuscht! Endlich lachte ihm wieder das Räuberglück! Vielleicht sollte er seinen Beruf lieber doch nicht aufgeben?
Hastig riss Hotzenplotz seine Pistole aus dem Gürtel und spannte sie. Er ließ Kasperl und Seppel mit ihrem Wagen auf wenige Schritte herankommen. Dann sprang er mit einem Riesensatz auf die Straße hinaus.
„Hände hoch!“, brüllte Hotzenplotz, „oder ich schieße!“
Es wunderte ihn kein bisschen, dass Kasperl und Seppel sofort Reißaus nahmen.
„Lauft nur, ihr beiden Helden!“, rief er ihnen nach. „Hauptsache, dass mir die Kiste nicht wegläuft! Hö-hö-hö-höö!“
Er brach in ein schallendes Gelächter aus, schob die Pistole in den Gürtel zurück und machte sich daran, die Kiste gründlich von allen Seiten zu beschnüffeln.
„Hm – sie ist zugenagelt ... Natürlich! Es ist ja Gold drin! – Ob ich sie wohl mal aufmache und hineinschaue? Lieber nicht ... Ich muss sehen, dass ich hier wegkomme! Sicher sind Kasperl und Seppel zur Polizei gerannt. Nicht etwa, dass ich Angst hätte vor der Polizei! Nein, bestimmt nicht, ich bin ja der Räuber Hotzenplotz! Aber sicher ist sicher ...“
Hotzenplotz lud sich die schwere Kiste kurzerhand auf den Rücken. Den Handwagen konnte er auf dem Weg durch den Wald nicht gebrauchen. Er stieß ihn mit einem Tritt in den Straßengraben. Prustend und schnaufend schleppte er seinen Raub durch das Dickicht in seine Höhle.

Er hatte es mit dem Heimkommen so eilig, dass er gar nicht merkte, wie die Kiste auf seinem Rücken mit der Zeit immer leichter und leichter wurde. Denn Kasperl hatte im letzten Augenblick doch noch daran gedacht, das Streichholz herauszuziehen, und nun rieselte der feine weiße Sand ohne Unterlass durch das Loch im Kistenboden und bildete hinter dem Räuber Hotzenplotz eine dünne Spur.

Daheim angekommen, stellte Hotzenplotz die Kiste auf den Tisch, und nachdem er den Eingang zur Räuberhöhle von innen verriegelt hatte, holte er Hammer und Zange aus dem Werkzeugkasten und machte sich daran, die Kiste zu öffnen. Da er ein sehr erfahrener Räuber war, der sein Handwerk von Grund aus verstand, dauerte es nicht lange, bis er den Deckel aufklappen konnte.

Er beugte sich über die Kiste und blickte hinein.

Da erstarrte er.

War es zu fassen? In der Kiste lag nichts als ein Häuflein Sand! Ganz gewöhnlicher, schäbiger weißer Sand!

„Ha!“, schrie der Räuber Hotzenplotz zornig, „man hat mich betrogen, man hat mich zum Narren gehalten!“

Er packte mit beiden Fäusten seinen krummen Räubersäbel, stürzte sich auf die arme Kartoffelkiste und hackte sie kurz und klein. Auch den Tisch, der aus starken Eichenbohlen gezimmert war, schlug er in Stücke. Dann rannte er vor die Tür, weil er frische Luft brauchte.

Aber was war das?

Da führte doch eine feine Sandspur am Boden hin ... Sie kam aus dem Dickicht und führte genau auf die Höhle zu!

Hotzenplotz hätte kein so gerissener Räuber sein dürfen, um nicht sofort zu wissen, was er davon zu halten hatte.

Er stieß einen gräulichen Fluch aus.
„Der Kasperl und dieser Seppel wollten mich hinters Licht führen!“, knurrte er. „Aber jetzt drehen wir den Spieß um, jetzt können sich die zwei Burschen auf etwas gefasst machen! Rache! Rache!“

Aus: Otfried Preußler: Der Räuber Hotzenplotz. © 1962 by K. Thienemanns Verlag, Stuttgart/Wien/Bern, S. 23–28. Illustrationen von F. J. Tripp.

Heinrich Böll: Die verlorene Ehre der Katharina Blum oder: Wie Gewalt entstehen und wohin sie führen kann. Erzählung (Auszug)

Heinrich Böll erhielt 1972 den Nobelpreis für Literatur. Kurz zuvor war er aufgrund seines „Spiegel“-Artikels „Will Ulrike Meinhof Gnade oder freies Geleit?“, in dem er für eine faire Behandlung der terroristischen Baader-Meinhof-Gruppe eintrat, zunehmend in die Hetzkampagne der Springer-Presse geraten, zu der u.a. die „Bild“-Zeitung gehörte. Nach einem Vorabdruck im „Spiegel“ erschien 1974 die später auch verfilmte und äußerst unterschiedlich diskutierte Erzählung „Die verlorene Ehre der Katharina Blum“, die man als persönliche Reaktion des Autors auf die Rufmordkampagnen der Springer-Presse gegen ihn verstand.
Zentralfigur der Erzählung ist eine junge Frau, „[…] die durch Zufall zum Mittelpunkt der Sensationsmache und Polithetze einer Boulevardzeitung wird.“ (Umschlagtext)
Am 20. Februar 1974 nimmt Katharina Blum an einer Tanzparty teil, bei der sie einen jungen Mann kennenlernt, Ludwig Götten, einen von der Polizei gesuchten Bundeswehrdeserteur, der politisch-krimineller Delikte wegen verdächtigt und verfolgt wird. Katharina verliebt sich spontan in ihn, nimmt ihn mit nach Hause und eröffnet ihm einen Fluchtweg aus dem von Polizei umzingelten Haus.
Katharina Blum wird verhört. Der Kriminalkommissar Walter Moeding baut listig eine Indizienkette gegen sie auf. Die Erfahrung von Zärtlichkeit durch Ludwig Götten, diesem für sie einzigartigen Gefühl, wird ihr durch die inhumanen Praktiken von Staatsanwalt und Polizeibehörde, vor allem aber durch eine extrem brutal einsetzende Pressekampagne gegen sie zerstört;

die „Zeitung“, ein Sensationsblatt, macht aus ihr ein „Räuberliebchen“, eine „Mörderbraut“. Diesen Institutionen hilflos ausgeliefert, durch den psychischen Terror der „Zeitung“ demoralisiert und ihres guten Rufes beraubt, erschießt sie den Reporter Werner Tötges, der als Handlanger dieser gewalttätigen Presse sie vermeintlich ihrer Ehre beraubte.

Die Vernehmung von Katharina Blum konnte damit als abgeschlossen gelten, sie musste sich nur bereithalten, um möglicherweise mit den Aussagen der übrigen Teilnehmer an der Woltersheim'schen Tanzparty konfrontiert zu werden. Es sollte nämlich nun eine Frage geklärt werden, die im Zusammenhang mit Beizmennes Verabredungs- und Verschwörungstheorie wichtig genug war: Wie war Ludwig Götten zum Hausball bei Frau Woltersheim gekommen?
Es wurde Katharina Blum anheimgestellt, nach Hause zu gehen oder an einem ihr genehmen Ort zu warten, aber sie lehnte es ab, nach Hause zu gehen, die Wohnung, sagte sie, sei ihr endgültig verleidet, sie zöge es vor, in einer Zelle zu warten, bis Frau Woltersheim vernommen worden sei, und mit dieser dann nach Hause zu gehen. In diesem Augenblick erst zog Katharina die beiden Ausgaben der ZEITUNG aus der Tasche und fragte, ob der Staat – so drückte sie es aus – nichts tun könne, um sie gegen diesen Schmutz zu schützen und ihre verlorene Ehre wieder herzustellen. Sie wisse inzwischen sehr wohl, dass ihre Vernehmung durchaus gerechtfertigt sei, wenn ihr auch dieses „Bis-ins-letzte-Lebensdetail-Gehen“ nicht einleuchte, aber es sei ihr unbegreiflich, wie Einzelheiten aus der Vernehmung – etwa der Herrenbesuch – hätten zur Kenntnis der ZEITUNG gelangen können, und alle diese erlogenen und erschwindelten Aussagen. Hier griff Staatsanwalt Hach ein und sagte, es habe natürlich angesichts des riesigen öffentlichen Interesses am Fall Götten eine Presseverlautbarung herausgegeben werden müssen; eine Pressekonferenz habe noch nicht stattgefunden, sei aber wohl wegen der Erregung und Angst, die durch Göttens Flucht – die sie, Katharina, ja ermöglicht habe – entstanden sei, nun kaum noch zu vermeiden. Im Übrigen sei sie jetzt durch ihre Bekanntschaft mit Götten eine „Person der Zeitgeschichte“

und damit Gegenstand berechtigten öffentlichen Interesses. Beleidigende und möglicherweise verleumderische Details der Berichterstattung könne sie zum Gegenstand einer Privatklage machen, und – falls sich herausstelle, dass es „undichte Stellen“ innerhalb der untersuchenden Behörde gebe, so werde diese, darauf könne sie sich verlassen, Anzeige gegen Unbekannt erheben und ihr zu ihrem Recht verhelfen. Dann wurde Katharina Blum in eine Zelle verbracht. Man verzichtete auf scharfe Bewachung, gab ihr lediglich eine jüngere Polizeiassistentin, Renate Zündach, bei, die, unbewaffnet, bei ihr blieb und später berichtete, Katharina Blum habe die ganze Zeit über – etwa zweieinhalb Stunden lang – nichts weiter getan, als immer und immer wieder die beiden Ausgaben der ZEITUNG zu lesen. Tee, Brote, alles habe sie abgelehnt, nicht in aggressiver, sondern in „fast freundlicher, apathischer Weise“. Jede Unterhaltung über Mode, Filme, Tänze, die sie, Renate Zündach, anzufangen versucht habe, um Katharina abzulenken, habe diese abgelehnt.

Sie habe dann, um der Blum, die sich regelrecht in die Lektüre der ZEITUNG verbissen habe, zu helfen, die Bewachung vorübergehend dem Kollegen Hüften übergeben und aus dem Archiv die Berichte anderer Zeitungen geholt, in denen über die Verstrickung und Vernehmung der Blum, ihre mögliche Rolle, in durchaus sachlicher Form berichtet worden sei. Auf der dritten, vierten Seite kurze Berichte, in denen nicht einmal der Name der Blum voll ausgedruckt gewesen sei, von ihr lediglich als von einer gewissen Katharina B., Hausgehilfin, gesprochen worden sei. Zum Beispiel habe in der „Umschau“ nur eine Zehnzeilen-Meldung gestanden, natürlich ohne Foto, in der man von unglückseligen Verstrickungen einer völlig unbescholtenen Person gesprochen habe. Das alles – sie habe der Blum fünfzehn Zeitungsausschnitte hingelegt – habe diese nicht getröstet, sie habe nur gefragt: „Wer liest das schon? Alle Leute, die ich kenne, lesen die ZEITUNG!“

[...]

Letzten Endes bleibt da doch noch etwas halbwegs Erfreuliches mitzuteilen. Katharina erzählte Blorna den Tathergang, erzählte ihm auch, wie sie die sieben oder sechseinhalb Stunden zwischen dem Mord und ihrem Eintreffen bei Moeding verbracht hatte. Man ist in der glücklichen Lage, diese Schilderung wörtlich zu zitieren, da Katharina alles schriftlich niederlegte und Blorna zur Verwendung beim Prozess überließ.

„In das Journalistenlokal bin ich nur gegangen, um ihn mir mal anzuschauen. Ich wollte wissen, wie solch ein Mensch aussieht, was er für Gebärden hat, wie er spricht, trinkt, tanzt – dieser Mensch, der mein Leben zerstört hat. Ja, ich bin vorher in Konrads Wohnung gegangen und habe mir die Pistole geholt, und ich habe sie sogar selbst geladen. Das hatte ich mir genau zeigen lassen, als wir damals im Wald geschossen haben. Ich wartete in dem Lokal eineinhalb bis zwei Stunden, aber er kam nicht. Ich hatte mir vorgenommen, wenn er zu widerlich wäre, gar nicht zu dem Interview zu gehen, und hätte ich ihn vorher gesehen, wäre ich auch nicht hingegangen. Aber er kam ja nicht in die Kneipe. Um den Belästigungen zu entgehen, habe ich den Wirt, er heißt Kraffluhn, Peter, und ich kenne ihn von meinen Nebenbeschäftigungen her, wo er manchmal als Oberkellner aushilft – ich habe ihn gebeten, mich beim Ausschank hinter der Theke helfen zu lassen. Peter wusste natürlich, was in der ZEITUNG über mich gelaufen war, er hatte mir versprochen, mir ein Zeichen zu geben, wenn Tötges auftauchen sollte. Ein paarmal, weil ja nun Karneval war, habe ich mich auch zum Tanz auffordern lassen, aber als Tötges nicht kam, wurde ich doch sehr nervös, denn ich wollte nicht unvorbereitet mit ihm zusammentreffen. Nun, um zwölf bin ich dann nach Hause gefahren, und es war mir scheußlich in der verschmierten und verdreckten Wohnung. Ich habe nur ein paar Minuten warten müssen, bis es klingelte, gerade Zeit genug, die Pistole zu entsichern und griffbereit in meiner Handtasche zu platzieren. Ja, und dann klingelte es, und er stand schon vor der Tür, als ich aufmachte, und ich hatte doch gedacht, er hätte unten geklingelt, und ich hätte noch ein paar Minuten Zeit, aber er war schon mit dem Aufzug raufgefahren, und da stand er vor mir, und ich war erschrocken. Nun, ich sah sofort, welch ein Schwein er war, ein richtiges Schwein. Und dazu hübsch. Was man so hübsch nennt. Nun, Sie haben ja die Fotos gesehen. Er sagte „Na Blümchen, was machen wir zwei denn jetzt?“ Ich sagte kein Wort, wich ins Wohnzimmer zurück, und er kam mir nach und sagte: „Was guckst du mich denn so entgeistert an, mein Blümelein – ich schlage vor, dass wir jetzt erst einmal bumsen.“ Nun, inzwischen war ich bei meiner Handtasche, und er ging mir an die Kledage, und ich dachte: „Bumsen, meinetwegen“, und ich hab die Pistole rausgenommen und sofort auf ihn geschossen. Zweimal, dreimal, viermal. Ich weiß nicht mehr genau. Wie oft, das können Sie ja in dem Polizeibericht nachlesen. Ja, nun müssen Sie nicht glauben, dass es was Neues für mich war, dass ein Mann mir an die Kledage wollte – wenn Sie von Ihrem vierzehnten Lebensjahr an, und schon früher, in Haushalten arbeiten, sind Sie was gewohnt. Aber *dieser* Kerl – und dann „Bumsen“, und ich dachte: Gut, jetzt bumst's. Natürlich hatte ich damit nicht gerechnet, und er guckte mich noch 'ne halbe Sekunde oder so erstaunt an, so wie im Kino, wenn einer plötzlich aus heiterem Himmel erschossen wird. Dann fiel er um, und ich glaube, dass er tot war. Ich habe die Pistole neben ihn geschmissen und bin raus, mit dem Aufzug runter, und zurück in die Kneipe, und Peter war erstaunt, denn ich war kaum eine halbe Stunde weggewesen. Ich hab dann weiter an der Theke gearbeitet, habe nicht mehr getanzt, und die ganze Zeit über dachte ich „Es ist wohl doch nicht wahr“, ich wusste aber, dass es wahr war. Und Peter kam manchmal zu mir und sagte: Der kommt heute nicht, dein Kumpel da, und ich sagte: Sieht ganz so aus. Und tat gleichgültig. Bis vier habe ich Schnäpse ausgeschenkt und Bier gezapft und Sektflaschen geöffnet und Rollmöpse serviert. Dann bin ich gegangen, ohne mich von Peter zu verabschieden, bin erst in eine Kirche nebenan, hab da vielleicht eine halbe Stunde gesessen und an meine Mutter gedacht, an dieses verfluchte, elende Leben, das sie gehabt hat, und auch an meinen Vater, der immer, immer nörgelte, immer, und auf Staat und Kirche, Behörden und Beamte, Offiziere und alles schimpfte, aber wenn er mal mit einem von denen zu tun hatte, dann ist er gekrochen, hat fast gewinselt vor Unterwürfigkeit. Und an meinen Mann, Brettloh, an diesen miesen Dreck, den er diesem

Tötges erzählt hatte, an meinen Bruder natürlich, der ewig und ewig hinter meinem Geld her war, wenn ich nur ein paar Mark verdient hatte, und sie mir abknöpfte für irgendeinen Blödsinn, Kleider oder Motorräder oder Spielsalons, und natürlich auch an den Pfarrer, der mich in der Schule immer „unser rötliches Kathrinchen" genannt hat, und ich wusste gar nicht, was er meinte, und die ganze Klasse lachte, weil ich dann wirklich rot wurde. Ja. Und natürlich auch an Ludwig. Dann bin ich aus der Kirche raus und ins nächstbeste Kino, und wieder raus aus dem Kino, und wieder in eine Kirche, weil das an diesem Karnevalssonntag der einzige Ort war, wo man ein bisschen Ruhe fand. Ich dachte natürlich auch an den Erschossenen da in meiner Wohnung. Ohne Reue, ohne Bedauern. Er wollte doch bumsen, und ich habe gebumst, oder? Und einen Augenblick lang dachte ich, es wäre der Kerl, der mich nachts angerufen hat und der auch die arme Else dauernd belästigt hat. Ich dachte, das ist doch die Stimme, und ich wollte ihn noch ein bisschen quatschen lassen, um es herauszukriegen, aber was hätte mir das genutzt? Und dann hatte ich plötzlich Lust auf einen starken Kaffee und bin zum Café Bekering gegangen, nicht ins Lokal, sondern in die Küche, weil ich Käthe Bekering, die Frau des Besitzers, von der Haushaltsschule her kenne. Käthe war sehr nett zu mir, obwohl sie ziemlich viel zu tun hatte. Sie hat mir eine Tasse von ihrem eigenen Kaffee gegeben, den sie ganz nach Omas Art noch richtig auf den gemahlenen Kaffee aufschüttet. Aber dann fing sie auch mit dem Kram aus der ZEITUNG an, nett, aber doch auf eine Weise, als glaubte sie wenigstens ein bisschen davon – und wie sollen die Leute denn auch wissen, dass das alles gelogen ist. Ich habe ihr zu erklären versucht, aber sie hat nicht verstanden, sondern nur mit den Augen gezwinkert und gesagt: „Und du liebst also diesen Kerl wirklich", und ich habe gesagt „Ja". Und dann habe ich mich für den Kaffee bedankt, hab mir draußen ein Taxi genommen und bin zu diesem Moeding gefahren, der damals so nett zu mir war."

Aus: Heinrich Böll: Die verlorene Ehre der Katharina Blum oder: Wie Gewalt entstehen und wohin sie führen kann. Erzählung. 7. Auflage. München: Deutscher Taschenbuch Verlag 1978, S. 53–55 und S. 119–122 (= dtv 1150).

6. Kriminalität heute

Kriminalität als Mangelerscheinung

Leitsätze

1. In der heutigen Kriminologie wird der Anlage-Umwelt-Streit als überholt betrachtet: Kriminalität lässt sich weder einseitig aus biologischen Anlagen und Konstitutions- bzw. Charaktereigenschaften erklären, noch sind dafür ausschließlich die Umwelt und die Gesellschaft verantwortlich zu machen. Kriminalität wird heute vor allem als Folge einer – als dynamischen Entwicklungsprozess zu verstehenden – von einer Vielzahl von Faktoren bestimmten fehlsamen Sozialisation verstanden. Erst wo ungünstige äußere Faktoren und eine entsprechende innere Bereitschaft aufeinanderstoßen, kommt es zur Tat.
2. Ein überdurchschnittlich hoher Anteil der Straftäter stammt aus sozial gestörten Familien.
3. Die Zugehörigkeit zur Unterschicht ist ein weiterer wichtiger Kriminalitätsfaktor. Kriminalität scheint demnach „eine verzweifelte, anarchistische und destruktive Weise der Umkehr erlebter Ablehnung und Feindseligkeit gegen die Gesellschaft zu sein.“ (Moser)
4. Obwohl die sozialpsychologischen Theorien über die Entwicklung des Menschen vom Säugling zum mündigen Menschen nicht verabsolutiert werden dürfen, lassen sie erkennen, dass zwischen späterer, gestörter oder ungestörter Verhaltensweise und den Erfahrungen der frühen Kindheit ein Zusammenhang besteht. Wer als Säugling keine mütterliche Zuwendung erfuhr, der kann in späteren Jahren übermäßig aggressiv oder resignativ sein, weil er nur unzureichend lernte, sich an seine Umwelt zu binden.
5. Genauere Untersuchungen des Lebensweges von Rückfalltätern bestätigen in äußerst anschaulicher und erschreckender Weise den Zusammenhang von familiären und sozialen Sozialisationsstörungen sowie den Mangel an Nachreifungsmöglichkeiten im Strafvollzug einerseits und Straftat-Rückfall andererseits.

Aus: Volker Göhrum und Eberhard Röhm: Zur Strafe. Angst, Schuld und Recht krimineller Jugendlicher. Lehrerheft. Stuttgart und München: Calwer Verlag und Kösel Verlag 1974 (= Modelle für den Religionsunterricht 6), S. 13.

„Kommissar unter Verdacht“

Uni-Experiment: Gegenüberstellung in der Vorlesung

WAZ BOCHUM. „Hallo, ich heiße Friedrich. Meine Hobbys sind Kochen und italienische Opern.“ Der Mann, das muss man wissen, hat dunkle Haare. Fast schwarz! Alles klar, ein Mafioso. Oder?

Vielleicht auch ein Drogendealer, oder ein Sexualstraftäter? Der Typ ist mindestens eins neunzig groß und hat ein Kreuz wie ein Schrank. Etwa 250 angehende Juristen rätseln.

Prof. Hans-Dieter Schwind, Kriminologe an der Ruhr-Uni Bochum mit einem ausgeprägten Sinn für Inszenierungen, führte seine Studenten auf den Leim der eigenen Vorurteile: Zwölf Männer werden ihnen im Hörsaal vorgeführt, jeder trägt vor dem Bauch eine Nummer und stellt sich mit seinem Vornamen und seinen Hobbys vor. Krawatten müssen vorher abgelegt werden – das könnte die Studenten beeinflussen.

Vier der zwölf sind verurteilte Strafgefangene, der Rest mutmaßlich unbescholtene Bürger: ein Richter, ein Kriminalkommissar, ein Justizvollzugs-Beamter, ein Oberstaatsanwalt, ein Universitätsprofessor, ein Polizeipräsident sowie zwei Journalisten. Wer sind die Bösen, wer die Guten?

Hakennasen, zusammengewachsene Augenbrauen, fliehende Stirn – die Kriminologie früherer Zeiten hatte es leichter. Cesare Lombroso hieß der Mann, Mediziner des 19. Jahrhunderts, der einen Verbrecher an der Nase erkennen wollte. Um die Studenten vollends zu verwirren, hatte Prof. Schwind die Lombroso-

Bei den Studenten ist Grübeln angesagt: Wer sind die Spitzbuben?

Zeichnungen mit typischen Verbrecher-Visagen an die Wand geworfen.
„Ich heiße Manfred. Ich gehe gerne segeln." Manfred ist etwa fünfzig, kurze Haare, nett wirkt er, bescheiden. Dann tritt Walter vor, die Nummer zwei in der Hand. Sein Hobby: Computer. Der sieht irgendwie schneidig aus mit seiner schmalen Nase und den kleinen Augen. Ein Spitzbube. Betrüger sicher. Bei Gerd geht ein Raunen durch den Saal: „Ich gehe gerne mit jungen Leuten um", sagt der freundliche Herr, der so klein und gebückt wirkt. Kinderschänder? Prof. Schwind veranstaltet diese Gegenüberstellung regelmäßig mit neuen Studenten. „Das vergessen sie nie", ist er überzeugt. Sie sollen lernen, dass der Schein trügt, dass für Juristen, die einmal über Menschen zu Gericht sitzen werden, Vorurteile gefährlich sind. Einen Verbrecher erkennt man nicht am schlurfenden Gang oder am finsteren Blick. Wer aussieht wie ein Mafia-Pate, könnte Richter sein.
So wie Friedrich Meyer, Amtsgerichtspräsident in Bochum. Dem Opernliebhaber hatten viele eine Verbrecherkarriere zugetraut. Die Mehrheit hatte aber auf Nummer zwei ge-

Spezialvorlesung: Prof. Hans-Dieter Schwind beweist es – Verbrecher sind nicht an der Nase zu erkennen.

tippt: Der vermeintliche Spitzbube heißt mit Nachnamen Pindur, leitet in Bochum die Mordkommission. Nur Manfred, dem freundlichen Segler, wollte niemand eine Untat anhängen. Der aber sitzt, wegen Betrugs. Dem WAZ-Reporter haben die Studierenden Betrügereien zugetraut. Vermutlich wegen der Nase.

Chr. Onkelbach in: Westdeutsche Allgemeine Zeitung vom 10.12.1998. Fotos: Hans Blossey

Sinn und Zweck der Strafe – Straftheorien

Etwas „verbrechen“ hatte früher die gleiche Bedeutung wie „zerbrechen“. Ein „Verbrecher“ war demnach ein Mensch, der etwas Ganzes, Heiles zerbrochen, zerstört oder zumindest verletzt und in Unordnung gebracht hatte.
Die Gesellschaft schützte sich davor durch die Beseitigung, Ächtung und Bestrafung des Täters. Voraussetzung für eine Bestrafung ist die Vorwerfbarkeit von nichtrechtmäßigem Verhalten, wobei einschränkend gefragt werden muss: Inwieweit war der Täter zurechnungsfähig, hatte er ein Unrechtsbewusstsein oder konnte ihm ein normgerechtes Verhalten überhaupt zugemutet werden? War die Tat verwerflich?

1. Nach der *absoluten Theorie* oder *Gerechtigkeitstheorie* hat die Strafe keine besonderen Zwecke zu erfüllen. Sie ist unabhängig, abgelöst von allen Zweckvorstellungen: Vergeltung des vom Täter begangenen Unrechts *(Vergeltungstheorie)* oder Sühne für das vom Täter begangene Unrecht *(Sühnetheorie)*. Irgendwelche Zwecke zur besseren Ordnung des sozialen Zusammenlebens hat sie nicht zu verfolgen.
2. Die *relative Theorie* interessiert sich weniger für die Tat und ihre Vergeltung und mehr für den Täter und die Opfer. Sie kann verschiedene Zwecke verfolgen:
   – Strafe zur Verhinderung neuer Straftaten durch Abschreckung, Erziehung zur Besserung, Wiedereingliederung in die Gesellschaft (Resozialisierung),
   – Strafe zum Schutz der Gesellschaft.

Aus: Heinz Schmidt u.a. (Hrsg.): Das neue Kursbuch Religion 9/10. Stuttgart u. Frankfurt a. M.: Calwer Verlag 1988, S. 33.

Aus dem Strafgesetzbuch (StGB)

§ 46 Grundsätze der Strafzumessung. (1) Die Schuld des Täters ist Grundlage für die Zumessung der Strafe. Die Wirkungen, die von der Strafe für das künftige Leben des Täters in der Gesellschaft zu erwarten sind, sind zu berücksichtigen.

(2) Bei der Zumessung wägt das Gericht die Umstände, die für und gegen den Täter sprechen, gegeneinander ab. Dabei kommen namentlich in Betracht:

die Beweggründe und die Ziele des Täters, die Gesinnung, die aus der Tat spricht und der bei der Tat aufgewendete Wille,

das Maß der Pflichtwidrigkeit,

die Art der Ausführung und die verschuldeten Auswirkungen der Tat,

das Vorleben des Täters, seine persönlichen und wirtschaftlichen Verhältnisse

sowie

sein Verhalten nach der Tat, besonders sein Bemühen, den Schaden wiedergutzumachen,

sowie das Bemühen des Täters, einen Ausgleich mit dem Verletzten zu erreichen.

(3) Umstände, die schon Merkmale des gesetzlichen Tatbestandes sind, dürfen nicht berücksichtigt werden.

§ 17 Verbotsirrtum. Fehlt dem Täter bei Begehung der Tat die Einsicht, Unrecht zu tun, so handelt er ohne Schuld, wenn er diesen Irrtum nicht vermeiden konnte. Konnte der Täter den Irrtum vermeiden, so kann die Strafe nach § 49 Abs. 1 gemildert werden.

§ 20 Schuldunfähigkeit wegen seelischer Störungen. Ohne Schuld handelt, wer bei Begehung der Tat wegen einer krankhaften seelischen Störung, wegen einer tiefgreifenden Bewusstseinsstörung oder wegen Schwachsinns oder einer schweren anderen seelischen Abartigkeit unfähig ist, das Unrecht der Tat einzusehen oder nach dieser Einsicht zu handeln.

§ 21 Verminderte Schuldfähigkeit. Ist die Fähigkeit des Täters, das Unrecht der Tat einzusehen oder nach dieser Einsicht zu handeln, aus einem der in § 20 bezeichneten Gründe bei Begehung der Tat erheblich vermindert, so kann die Strafe nach § 49 Abs. 1 gemildert werden.

Aus: Strafgesetzbuch (StGB). 33. Auflage. München 1999. S. 25, 19, 20.

Strafvollzug

Jahr für Jahr kommen in der Bundesrepublik 6000 Jugendliche in die Jugendstrafanstalt. Das angeblich „beste Jugendstrafrecht der Welt" bewirkt ebenso wenig Resozialisierung wie der Strafvollzug. Die Rückfallquote liegt bei 50 Prozent – Untersuchungen haben ergeben, dass einer umso schneller rückfällig wird, je länger er in der Strafanstalt gewesen ist. Ein Anstaltsleiter: „Wir kapitulieren dauernd, wir greifen zu primitiven Mitteln." [...]
Zumindest trifft es zu, dass sich bei vielen Jugendlichen Aggressionen angestaut haben gegen die Schließer, die für die Einhaltung der Hausordnungen zu sorgen haben. Und die sind streng. In Bremen etwa „hat" der Jugendliche beim Wecken „sofort aufzustehen", er „muss" sich „nach Bedarf rasieren", ihm „wird das Kopfhaar so oft wie nötig geschnitten", „eigenmächtiges Haarschneiden" dagegen „ist verboten". „Zu unterlassen" ist auch „Lärmen, Schreien und Pfeifen sowie alles eigenmächtige Singen und Musizieren" – kurz: jede spontane Lebensäußerung.
Wer „schuldhaft gegen die Pflichten" verstößt, „Verfehlungen gegen Sitte oder Anstand" begeht, erhält eine „zulässige Hausstrafe", die vom Verweis bis zu 14-tätigem „verschärftem" Arrest reicht – kaum verwunderlich, dass die Hüter dieser Ordnung, wie die Schwäbisch Haller Gefangenenzeitung „Unbestimmt" schreibt, „auf Gefangene wie ein rotes Tuch wirken, obwohl sie grüne Uniformen haben".
Ein Beamter, so zählten die Gefangenen-Redakteure, habe 35 Obliegenheiten zu erledigen, darunter so bedeutsame Pflichten wie: „Gottesdienst überwachen", „Strafmeldungen schreiben", „Duschen andrehen", „Licht ausschalten", „die Gefangenen wecken und zur Arbeit pfeifen", „überwachen, dass der Gefangene nicht auf der Toilette raucht", „beim Nachtdienst Hunde herauslassen" und „Bambule

verhindern“. Bambule – das ist in der Fürsorgeerziehung wie im Strafvollzug: „Krach machen, schreien, Zelleneinrichtung zusammenschlagen, durchs Gitter brüllen“ („Unbestimmt“). Seelisch bedeutet es: „Sich Luft machen, seine Wut loswerden, seine Verzweiflung hinausschreien.“
Die Ordnung lässt sich, wenn der Krawall vorüber ist, rasch auf eine Weise wiederherstellen, die dem Gegenteil von Erziehung gleichkommt: Disziplinierung durch Abhängigmachen.

Aus: Bodo Lecke (Hrsg.): Projekt Deutschunterricht 9. Literatur der Klassik II – Lyrik/Epik/Ästhetik. Stuttgart: Metzler 1975, S. 137–138.

„Bedenklich“

Niederlande erwägen Arbeitslager für Kriminelle

Die niederländische Regierung erwägt, kriminelle Jugendliche in Arbeitslager zu stecken. Diese Lager würden dann nach amerikanischem Vorbild geführt und von ehemaligen Soldaten geleitet. Arbeit und Disziplin; Disziplin und Arbeit – so liefe es ab.
Was an dieser Nachricht verblüfft, ist, dass sie ausgerechnet aus Holland kommt. Denn das Nachbarland ist Inbegriff der Freizügigkeit. Man wählt die Niederlande als Beispiel, um zu erklären, wie eine vielschichtige Gesellschaft Toleranz leben kann.
Und ausgerechnet: Arbeitslager. Wer bei uns mit Worten wie diesem keine Probleme hat, hat nicht viel aus der Geschichte gelernt.
Dennoch werden die Pläne bei uns wahrscheinlich auf Zustimmung stoßen. Den Boden dazu haben ja düstere Darstellungen von einer angeblich gewalttätigen, marodierenden Jugend bereitet.
Kriminologen bestreiten mit Zahlen und Daten, dass solche Horror-Szenarien der Wirklichkeit entsprechen. Und sie warnen, Verunsicherung und Ängste zu schüren.
Leider ernten zu oft die Worte der Experten weniger Beachtung als die der Demagogen. Im Bereich der inneren Sicherheit, auch bei der Jugendkriminalität, hat das allmählich zum bedenklichen Klimawandel geführt.

Jetzt scheinen die Besonnenen weniger zu werden; diejenigen, die Ursachen von Kriminalität aufspüren wollen. Die versuchen, diese Ursachen zu beseitigen, wo es geht. Aber das ist natürlich der schwierigere Weg.
Leichter ist es, Täter zu bestrafen. Doch es wird nicht verhindern, dass neue nachwachsen. Was ist also klüger, was kann den Bürger nachhaltiger schützen?
Nichts spricht dagegen, den Kriminellen hart zu bestrafen, der nichts dazulernen will. Doch schon der Gedanke an „Arbeitslager", um da womöglich menschlichen Willen zu brechen, müsste uns schrecken.

Rolf Potthoff in: Westdeutsche Allgemeine Zeitung vom 17.9.1998.

Haftentlassung

Mittlerweile hat es sich herumgesprochen, dass mit der Entlassung der Knast noch lange nicht beendet ist. Für einen Großteil der Gefangenen ist der Entlassungstermin nur der Beginn einer Entwicklung, die ihn fast mit Sicherheit wieder in das Gefängnis zurückbringt. In der derzeitigen Reformdiskussion wird das Problem vor allem in der ‚Aufnahmebereitschaft' der Gesellschaft gegenüber dem Vorbestraften gesehen. Aber es ist nicht nur das allgemeine Vorurteil, das den früheren Gefangenen wieder ins Gefängnis zurückbringt. Vielmehr ist es seine Persönlichkeitsstruktur selbst, die sich während der langen Zeit des Strafvollzugs verändert und ihn ‚lebensuntauglich' gemacht hat. Taucht der Rückfällige später in den Gerichtsakten als ‚willensschwach', ‚labil', ‚unfähig, sich in eine Gemeinschaft ein- und unterzuordnen' und als ‚erziehungsbedürftig' auf, so sind diese Charakteristika, die zur Rechtfertigung einer neuen Gefängnisstrafe dienen, erst durch den Strafvollzug produziert worden. Deshalb folgt hier die Analyse der Entlassungssituation der des Zugangs. Sowohl der ‚Abgang' als auch die Einführung in den Knast ist eine Form der Gewöhnung an den Knast. Beide Situationen ähneln sich strukturell. Hier wie dort vollzieht sich der Übergang von einem sozialen Bezugsrahmen in einen anderen, und in beiden Situationen wird das wesentliche Prinzip des Strafvollzugs, die Isolierung von der Gesellschaft, deutlich.

Aus: Bodo Lecke (Hrsg.): Projekt Deutschunterricht 9. Literatur der Klassik II – Lyrik/Epik/Ästhetik. Stuttgart: Metzler 1975. S. 141.

7. Arbeitshilfen und methodische Hinweise zur Erzähltextanalyse

Einen Analyseaufsatz verfassen

Grundsätzlich gilt, dass die Gedankenführung in einer schriftlichen Analyse nachvollziehbar und überprüfbar sein muss. Überprüfbarkeit wird durch genaue Arbeit am Text selbst gewährleistet. Dabei kann es z.B. hilfreich sein,

- Beobachtungen genau zu benennen (indem man sie direkt zitiert),
- jeder Beobachtung eine Deutung bzw. Bestimmung ihrer Funktion anzuschließen,
- solche Deutungen durch Berücksichtigung der sprachlichen Form abzusichern.

Nachvollziehbar wird die Gedankenführung der Analyse, indem Beobachtungen und Deutungen in einen sinnvollen Zusammenhang gebracht werden. Man sollte also auf einen schlüssigen Aufbau des Aufsatzes achten; man könnte etwa wie folgt vorgehen:

A Einleitung
In der Einleitung werden (in Kurzform und soweit möglich) Angaben zu den Entstehungsbedingungen des Textes angeführt (Wer ist der Autor? Wann ist der Text entstanden? Welcher konkrete Anlass lag u.U. vor?). Ist der zu analysierende Text ein Textauszug, ordnet man ihn in seinen unmittelbaren Zusammenhang ein, indem man zunächst (evtl. thesenartig) das Thema des vorliegenden Textes benennt. Dann folgt die eigentliche Einordnung (Was geschah zuvor? / Was geschieht danach? Welche Bedeutung hat der vorliegende Text für den Fortgang der Handlung?).

B Hauptteil
Im Hauptteil gibt man zunächst den Inhalt des zu analysierenden Textes knapp mit eigenen Worten wieder, dann untersucht man die hervortretenden Gestaltungsmittel des Textes und deutet die Besonderheiten. Hierbei können folgende Gesichtspunkte helfen:

- Die Struktur (den inneren Ablauf oder Gedankengang) des vorliegenden Textes erfassen (Gliederung des Textes in einzelne Sinnabschnitte).
- Sprachliche Besonderheiten (Wortwahl, Satzbau, Erzähltempus, stilistische Mittel, Bildlichkeit) ermitteln und ihre Funktion bestimmen.
- Wichtig ist auch die Untersuchung der erzählerischen Mittel einschließlich der Zeitgestaltung (Bestimmung der Erzählzeit / der erzählten Zeit). Folgende Fachbegriffe können helfen, die Beobachtungen zu benennen und zuzuordnen:

a) Erzählerische Mittel

Der Autor wählt einen **Erzähler**, der unterschiedliche Standpunkte und Blickwinkel im Hinblick auf das Erzählte einnehmen kann:

- Man unterscheidet zunächst bei der **Erzählform** zwischen **Er-Form** (der Erzähler berichtet über andere und tritt selber nicht als Figur auf) und **Ich-Form** (der Erzähler tritt selber in Erscheinung und spricht von sich).
- Er kann aus zwei **Erzählperspektiven** erzählen: Kann der Erzähler in die Figuren hineinsehen, also kennt er auch deren Gedanken und Gefühle, so berichtet der Erzähler aus der **Innensicht**; erzählt er nur das, was er von Äußerlichkeiten und Verhalten betrachtend wahrnehmen kann, spricht er aus der **Außensicht**.
- Außerdem kann beim **Erzählverhalten** unterschieden werden zwischen **neutralem** (der Erzähler stellt das Geschehen wie ein unsichtbarer Beobachter kommentarlos dar), **auktorialem/allwissendem** (der Erzähler kennt die Zusammenhänge und die Gedanken und Gefühle der Beteiligten, er kann Vergangenheit, Gegenwart und Zukunft überblicken und weiß durch Vorausdeutungen oder Kommentierung des Geschehens mehr als die Beteiligten) und **personalem** Erzählverhalten (der Erzähler beschränkt sich auf die Sicht, die Gefühle und das Denken einer beteiligten Person).

Die Zusammenhänge zwischen diesen erzählerischen Mitteln können grafisch folgendermaßen dargestellt werden:

Erzählform Er-Form Ich-Form

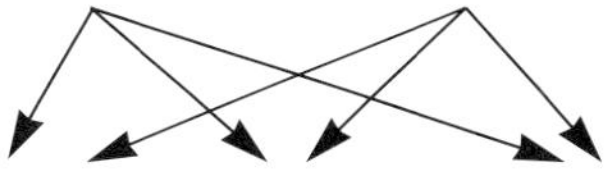

Erzähl-verhalten	auktorial/ allwissend	neutral	personal
Erzählper-spektive	Außen- und Innensicht	Außensicht	Innensicht

b) Erzählzeit – erzählte Zeit

Vergleich zwischen der Zeitspanne, die man zum Erzählen braucht (Erzählzeit), und der Zeitspanne, die erzählt wird (erzählte Zeit).

Zeitraffung: Die Erzählzeit ist deutlich kürzer (z.B. 50 Jahre in 2 oder 3 Leseminuten) als die erzählte Zeit.

Zeitdehnung: Die Erzählzeit ist länger (z.B. durch Mitteilung der Gedanken des Erzählers).

Zeitdeckung: Erzählzeit und erzählte Zeit sind etwa gleich (z.B. bei wörtlicher Rede, beim Dialog).

C Schluss

Nach der Analyse werden die gewonnenen Erkenntnisse zusammengefasst und es wird ihre Bedeutung im Hinblick auf den Gesamttext ermittelt (Inwiefern ist die vorliegende Textstelle für den Handlungsverlauf entscheidend? Sind die in der Untersuchung ermittelten Besonderheiten auch an anderen Stellen mit ähnlicher Funktion vorhanden?). Außerdem kann – soweit möglich – Bezug auf Sachverhalte außerhalb des Textes genommen werden, d.h., man zeigt biografische, historische oder gattungsbestimmende Gesichtspunkte auf, die die Interpretation zusätzlich unterstützen.

Begriffe (Schlüsselwörter) erläutern

Viele Texte enthalten besondere Wörter, mit denen man den Sinn der Texte erschließen kann; solche „Schlüsselwörter“ sind häufig Begriffe, also durch Abstraktion gewonnene Vorstellungen von Lebewesen, Gegenständen oder Sachverhalten. Die Gesamtheit der in einem Begriff gedachten Merkmale macht den Inhalt des Begriffs aus.
Die Klärung von Begriffen führt oft nicht nur zu einem besseren Verständnis eines Textes, sondern auch zu einer klareren und tieferen Erkenntnis der (sprachlich vermittelten) Wirklichkeit.
Ein solcher Begriff ist zum Beispiel „Ehre“; er wird bereits im Titel der Erzählung von Friedrich Schiller und Heinrich Böll (siehe Abschnitt 5) genannt und kann als Schlüsselwort gelten.
Wie geht man nun am besten vor, um einen solchen Begriff zu erläutern?

1. Eine erste Hilfe kann die sprachliche Untersuchung bieten. Man fragt nach der Herkunft des Wortes (Wortwurzel) oder nach dessen Sprachsinn (Wortfamilie, Wortfeld).
2. Ein Begriff wird noch deutlicher, wenn man ihn gegen verwandte Begriffe abgrenzt und Gegenbegriffe bzw. den Gegenbegriff aufsucht.
3. Eine altbekannte Möglichkeit zur weiteren Gliederung einer Begriffserläuterung ist der BUWE-Schlüssel (Abkürzung für **B**eschaffenheit, **U**rsache, **W**irkung, **E**rgebnis). Sie ist vor allem zur Erläuterung solcher Begriffe geeignet, die eine menschliche Haltung, Eigenschaft, Fähigkeit oder ein Verhalten kennzeichnen, z.B. Verantwortungsbewusstsein, Ehre, Kommunikationsfähigkeit, Gehorsam.
   - Beschaffenheit (Wesensmerkmale des mit dem Begriff Gemeinten, z.B. eines bestimmten menschlichen Verhaltens),
   - Ursache (Gründe für derartiges Verhalten),
   - Wirkung (Folgen dieses Verhaltens),
   - Ergebnis (eines solchen Verhaltens). Um Wiederholungen und Überschneidungen zu vermeiden, bietet es sich an, hier auch das gegenteilige menschliche

Verhalten zu erschließen. Wie verhält sich zum Beispiel ein ehrloser Mensch, jemand, der seine Ehre verloren hat?

4. Um die Begriffserläuterung anschaulich zu gestalten, greift man auf Beispiele zurück, insbesondere aus dem eigenen Erfahrungsbereich. Wenn sich die Aufgabe wie in unserem Fall aus dem Umgang mit einem literarischen Text ergibt, lassen sich einzelne Arbeitsschritte meistens gut mit der Charakterisierung einer literarischen Figur (siehe „Eine Charakterisierung verfassen“) oder der Analyse des Textes (siehe „Einen Analyseaufsatz verfassen“, S. 115ff.) verbinden. Beispiel: Erläuterung des Begriffs „Ehre“ in Friedrich Schillers Erzählung „Der Verbrecher aus verlorener Ehre“.

Eine Charakterisierung verfassen

Die Charakterisierung einer Figur kann entscheidende Einsichten vermitteln, die für eine Deutung des Erzähltextes von Wichtigkeit sind. Das gilt besonders dann, wenn in einem Text eine bestimmte Figur als Hauptträger der Handlung bezeichnet werden kann. In Schillers Erzählung „Der Verbrecher aus verlorener Ehre“ ist z.B. die Figur Christian Wolf von besonderem Interesse. Bei der Charakterisierung der Figur können folgende Gesichtspunkte berücksichtigt werden:

- Welche Bedeutung hat die Figur für das Geschehen (Hauptfigur, Nebenfigur ...)?
- Erfährt der Leser etwas über die äußere Erscheinung, über Alter, Beruf und soziale Stellung?
- Welche Gewohnheiten, Einstellungen und Verhaltensweisen der Person, die „charakteristisch“ (bezeichnend und wesensgemäß) sind, werden im Text deutlich?
- Wie wird die Person von anderen eingeschätzt?
- Welche Beziehung besteht zwischen der zu charakterisierenden Person und anderen Handlungsträgern des Textes? Nimmt die Person in besonderer Weise Einfluss auf die Lebensgestaltung anderer Personen oder ist sie dem Einfluss durch andere in besonderer Weise ausgesetzt?

- Welche Veränderungen, Entwicklungen im Äußeren und in Wesenszügen der Person werden im Text verdeutlicht? Diese Frage ist besonders bei längeren Texten, die einen größeren Zeitraum umspannen, von Bedeutung.

Aussagen zur Charakterisierung einer literarischen Figur stellen vielfach Deutungen dar, die durch den Text belegt werden müssen. Das gilt auch für die Kennzeichnung von äußeren Merkmalen, die auf größere Zusammenhänge verweisen. Wichtig ist es also, mit Zitaten zu arbeiten und sprachliche Besonderheiten zu benennen. Dazu gehören auch besondere Sprechweisen, Gesten usw., die von der Autorin oder dem Autor hervorgehoben werden. Wichtig ist, dass bei der Darstellung nicht so sehr der Inhalt der Textvorlage im Mittelpunkt steht, sondern die tatsächliche Charakterisierung der Figur.
Folgende Arbeitsschritte bieten sich für die Erstellung einer Charakterisierung an:

- Entsprechende Stellen sollten zunächst im Text markiert und am Rand mit Stichworten versehen werden.
- Anschließend sollte eine Sichtung des Materials erfolgen, indem zum Beispiel die Fragen oben stichwortartig beantwortet werden.
- Im nächsten Schritt wird nun der Aufbau der Charakterisierung festgelegt und die Schlüssigkeit des Aufbaus überprüft. Auch hier können die Fragen oben hilfreich sein.
- Nun erfolgt das Verfassen der Charakterisierung. Der aufgeschriebene Text sollte auch äußerlich durch Absätze gegliedert und somit leserfreundlich gestaltet sein.

Nach: Johannes Diekhans und Doris Hönes, in: Annette von Droste-Hülshoff: Die Judenbuche. Ein Sittengemälde aus dem gebirgigten Westfalen; herausgegeben und mit Anmerkungen versehen von Johannes Diekhans und Doris Hönes, Paderborn: Ferdinand Schöningh 1998. S. 79f.